rowohlts monographien
begründet von Kurt Kusenberg
herausgegeben
von Klaus Schröter

George Sand

mit Selbstzeugnissen
und Bilddokumenten
dargestellt von
Renate Wiggershaus

Rowohlt

Dieser Band wurde eigens für «rowohlts monographien» geschrieben
Den Anhang besorgte die Autorin
Herausgeber: Kurt und Beate Kusenberg
Assistenz: Erika Ahlers
Umschlagentwurf: Werner Rebhuhn
Vorderseite: George Sand. Zeichnung von Boilly
(Collection «Les Géants», Édition Pierre Charon)
Rückseite: George Sand. Karikatur von A. J. Lorentz, um 1840
(Éditions du Seuil)

Veröffentlicht im Rowohlt Taschenbuch Verlag GmbH,
Reinbek bei Hamburg, Oktober 1982
Copyright © 1982 by Rowohlt Taschenbuch Verlag GmbH,
Reinbek bei Hamburg
Alle Rechte an dieser Ausgabe vorbehalten
Satz Times (Linotron 404)
Gesamtherstellung Clausen & Bosse, Leck
Printed in Germany
980-ISBN 3 499 50309 3

18.–20. Tausend Mai 1988

Inhalt

George Sand. Zeichnung von Thomas Couture, 1850

Hinter dem Widerstreit der Meinungen

Kaum ein Autor oder eine Autorin wurde von den Zeitgenossen gleichzeitig so sehr geschmäht und so sehr bewundert wie die französische Schriftstellerin Aurore Dupin, die unter dem Namen George Sand ein immenses Werk veröffentlichte: etwa 180 Bände, wobei ihre zahlreichen Zeitungsartikel noch nicht mitgerechnet sind und auch nicht die umfangreiche Korrespondenz – ca. 40 000 Briefe, von denen etwa 15 000 erhalten sind.

Verächtlich gemacht wurde sie zum Beispiel von Charles Baudelaire, der sie als «Latrine»[1]* bezeichnete, oder von Friedrich Nietzsche, der sie eine «lactea ubertas» nannte, «auf deutsch: die Milchkuh mit ‹schönem Stil›»[2].

In einer fast zärtlichen Weise verehrt wurde sie besonders von Russen, zum Beispiel von Michail Bakunin, Fjodor Dostojevskij, Alexander Herzen und Ivan Turgenev. Dostojevskij schrieb nach ihrem Tod im Jahre 1876, George Sand habe «seinerzeit Entzücken und Verehrung ... Freuden, ja, Glück»[3] in ihm ausgelöst.

Geschätzt und geliebt wurde George Sand von Honoré de Balzac, Alfred de Musset, Frédéric Chopin, Franz Liszt, Gustave Flaubert, um nur einige wenige Namen zu nennen.

Kaum jemanden, der sie kannte, ließ sie gleichgültig. Sie weckte entweder Begeisterung, Verehrung, Liebe oder aber Verachtung, Abwehr, Widerwillen. Keine andere Schriftstellerin Frankreichs setzte sich mit ihren Schriften und in ihrem Leben so vehement für das Recht ein, leidenschaftlich zu lieben; keine andere revoltierte so sehr gegen die Einengung durch die Institution der Ehe, und keine predigte wie sie die Verschmelzung der Klassen und die gleichberechtigte Teilhabe aller an allen Reichtümern; kurz, George Sand verfolgte wie niemand sonst im 19. Jahrhundert zugleich feministische und sozialkritische Ziele. Unerschrocken mischte sie sich in das politische Geschehen, zornig kämpfte sie für die Rechte von Abhängigen, und mutig hielt sie den Anfeindungen vieler Zeitgenossen stand, die ihr – so drückte es ein deutscher Historiker aus – «aufgestachelten Ehrgeiz» vorwarfen, der sie dazu verleite, eine «unwür-

---

* Die hochgestellten Ziffern verweisen auf die Anmerkungen S. 135 f.

dige Rolle ... in der Tragikomödie der allgemeinen Emanzipation, der Entäußerung aller konventionellen Pflichten»[4] zu spielen. «Im Innern der Familienkreise und am häuslichen Herde» habe sie «unsägliches Unheil» angerichtet.[5] Literaturwissenschaftler sprachen vom «Komödiantentum der Buhlerin Sand»[6], in deren Dichtungen «etwas tief Ungesundes»[7] liege.

Obgleich das Klischee von George Sand als der Frau, die Ehen und Familien zerstörte, die Männerkleider trug und Zigarren rauchte und die unglücklich machende Geliebte vieler großer Männer war, durch Veröffentlichungen der letzten Jahre ein wenig verblaßt ist, blieb doch die eigentliche George Sand, die unerschrockene, politisch aktive, sozialkritische Schriftstellerin in weiten Kreisen unbekannt. Wer war diese Frau, die Heinrich Heine als «die größte Schriftstellerin» bezeichnete, die «zugleich eine schöne Frau», ja «sogar eine ausgezeichnete Schönheit»[8] war?

Kindheit und Jugend

George Sand wurde am 1. Juli 1804 als Amantine-Aurore-Lucile Dupin in Paris geboren. In ihrer fünfteiligen, mehr als eineinhalbtausend Seiten starken *Histoire de ma vie* (*Geschichte meines Lebens*) schrieb sie:

Ich bin geboren im Jahre der Krönung Napoleons, dem XII. Jahre der französischen Republik (1804).

Diese Geburt, die in bezug auf beide Zweige meiner Familie so oft und in so eigentümlicher Weise besprochen wurde, hat etwas Sonderbares und hat mich zu häufigem Nachdenken über die Frage der Abstammungen veranlaßt.

Ich habe besonders meine ausländischen Biographen im Verdacht, sehr aristokratisch zu sein, denn sie alle haben mich mit einer vornehmen Herkunft beschenkt, ohne, wie sie als wohlunterrichtete Leute getan haben müßten, auf einen sehr sichtbaren Fleck in meinem Wappen Rücksicht zu nehmen.

Man ist nicht allein das Kind seines Vaters, man ist, wie ich glaube, auch ein wenig das seiner Mutter – es scheint mir sogar, als wären wir dies am meisten; als wären wir auf das unmittelbarste, mächtigste, heiligste mit dem Wesen verbunden, das uns unter seinem Herzen getragen hat. Wenn also mein Vater der Urenkel Augusts II., Königs von Polen ist, so daß ich mich von dieser Seite, zwar auf illegitime, aber unzweifelhafte Weise mit Karl X. und Ludwig XVIII. nahe verwandt fühle, ist es nicht weniger wahr, daß ich durch mein Blut dem Volke ebenso nah stehe – und auf dieser Seite ist noch dazu kein Bastardtum.

Meine Mutter war ein armes Kind der alten Stadt Paris; ihr Vater Anton Delaborde war Ballspielhaus-Aufseher und Meister Vogler, das heißt, er verkaufte Kanarienvögel und Stieglitze auf dem Quai aux oiseaux, nachdem er in irgendeinem Winkel von Paris ein kleines Estaminet (Kaffeehaus) mit Billard besessen hatte, wobei er jedoch schlechte Geschäfte machte ...

Der Urgroßvater meines Vaters, Friedrich August, Kurfürst von Sachsen und König von Polen, war der größte Wüstling seiner Zeit. Es ist gerade keine seltne Ehre, etwas von seinem Blute in den Adern zu haben, denn er hatte, wie man behauptete, einige hundert Bastarde. Von der schönen Aurora von Königsmarck, der großen gewandten Kokotte, vor welcher

9

August II. der Starke,
Kurfürst von Sachsen und
König von Polen (1670–1733)
George Sands Ururgroßvater

Gräfin Maria Aurora von
Königsmarck, Mätresse von August
dem Starken und Ururgroßmutter
George Sands

Der Urgroßvater:
Moritz von Sachsen.
Pastell von
Maurice Quentin de la Tour

Karl XII. zurückwich, so daß sie sich an Furchtbarkeit einer Armee überlegen glauben konnte, hatte er einen Sohn, der ihn an Adel bei weitem übertraf, obwohl er nie mehr war als Marschall von Frankreich. Es war Moritz von Sachsen, der Sieger von Fontenay; er war gutmütig und tapfer wie sein Vater und nicht weniger unsittlich; aber er war geschickter in der Kriegskunst, war glücklicher in seinen Unternehmungen und wurde besser unterstützt.[9]

Zu den Vorfahren George Sands gehörten also väterlicherseits August der Starke (1670–1733; d. i. Friedrich August I., Kurfürst von Sachsen und später zugleich August II., König von Polen) sowie dessen Geliebte, die Gräfin Maria Aurora von Königsmarck, die wegen ihrer Schönheit und vielseitigen Bildung berühmt war. Sie hatte ungewöhnliche Sprachkenntnisse, spielte virtuos Laute und Viola da Gamba und schuf eine ganze Reihe von Kompositionen. Ihr gemeinsamer Sohn, Moritz von Sachsen, später Marschall von Frankreich, war George Sands Urgroßvater. Die Frucht seiner Liaison mit Marie Rainteau, die unter dem Namen Mlle de Verrières an der Oper sang, war Marie-Aurore de Saxe, George Sands Großmutter. Sie heiratete in zweiter Ehe den 33 Jahre älteren Louis-Claude Dupin, genannt de Francueil. Ihr einziges Kind, Maurice Dupin (1778–1808), war der Vater George Sands.

Der Großvater mütterlicherseits war Vogelhändler auf den Quais der Seine. Ihre Mutter Antoinette-Sophie-Victoire Delaborde (1773–1837)

*Die Großmutter: Marie-Aurore de Saxe,
Mme Dupin de Francueil*

begleitete viele Jahre die Heere der Republik. Als sie und Maurice Dupin 1804, einen Monat vor der Geburt George Sands, heirateten, brachte sie ein uneheliches Kind mit in die Ehe, dessen Vater unbekannt war: Caroline. George Sands Vater hatte bereits einen illegitimen Sohn mit einer Magd gezeugt: Pierre Laverdure, genannt Hippolyte Chatiron.

In der *Geschichte meines Lebens*[10] ging George Sand ausführlich auf das Leben ihrer Ahnen ein. Erst im achten Kapitel des zweiten Teils (auf S. 466 der französischen Ausgabe) stellte sie ihre eigene Geburt dar. Die weitschweifige Schilderung des Lebens ihrer Vorfahren rief bei vielen Zeitgenossen Verwunderung und auch Enttäuschung hervor. Sie hatten skandalöse Enthüllungen über ihr intimes Leben erwartet und sahen sich statt dessen auf Hunderten von Seiten konfrontiert mit der Darstellung einer Ahnengalerie, mit dem Abdruck zahlreicher Briefe ihres Vaters an seine Mutter, mit Erzählungen ihrer Großmutter usw. Befremden löste

12

Mitte des 19. Jahrhunderts auch die Freimütigkeit aus, mit der George Sand über die niedrige Herkunft ihrer Mutter sprach, deren Vorleben sie nicht zu verheimlichen suchte.[11]

Es ist ein charakteristischer Zug an George Sand, daß sie Konventionen wenig achtete, daß sie gegen gesellschaftliche Regeln verstieß, vor allem wenn es darum ging, Menschen aus einfachen Verhältnissen zu unterstützen und Menschen aus gehobenen Schichten nicht mehr als die ihnen zukommenden Rechte zu gewähren. Beispielsweise half sie Arbeiterschriftstellern auf materielle und ideelle Weise. Ihrem ersten Arbeitgeber, Henri de Latouche, hingegen verweigerte die Anhängerin des Gleichheitsgedankens den Adelstitel. Sie nannte ihn zeit ihres Lebens «Delatouche».

Aber obgleich sie sich von klein an unwürdigen und sie einengenden Konventionen und gesellschaftlichen Normen widersetzte, obgleich sie zumeist freimütig, offen und aufrichtig war, hielt sie es doch für nötig, viele der Briefe ihres Vaters an seine Mutter zu schönen, das heißt zu

Der Großvater väterlicherseits: Louis-Claude Dupin de Francueil

verfälschen. Georges Lubin, der größte George Sand-Kenner unserer Zeit, der ihre Briefe, ihr autobiographisches Werk und viele ihrer Romane neu herausgegeben und kommentiert hat, meint, man könne ihr zwar nicht vorwerfen, etwas dazu erfunden, wohl aber, starke Retuschen vorgenommen zu haben. In seiner Einleitung zu George Sands autobiographischem Werk schreibt er:

«Sie hatte das Glück, die Briefe ihres Vaters, diese Dokumente aus erster Hand, in ihrem Schreibtisch in Nohant zu finden, in dem die Großmutter sie ehrfurchtsvoll zusammengebunden aufbewahrte. Die Romanschriftstellerin konnte sich nicht enthalten, diese Briefe neu zu schreiben, zu verdrehen, umzuändern, miteinander zu verquicken, um ihnen eine

Der Vater: Maurice Dupin

Die Mutter: Antoinette-Sophie-Victoire Dupin, geb. Delaborde. Zeichnung von George Sand

literarische Form zu geben, und, gestehen wir es ein, manchmal, ja sogar häufig ihren Sinn zu verändern.»[12]

Das Motiv für diese Verfälschungen ergibt sich aus einem ausgeprägten Zug ihres Charakters: sie war eine Frau, die es mit allen, die nicht ihre Feinde waren, gut meinte, die nicht verletzen wollte, die Verständnis zeigte, die liebte und lieben wollte, wohinter das noch dringendere Bedürfnis stand, selber geliebt zu werden. 1847, als die Idee, eine Geschichte ihres Lebens zu schreiben, konkrete Formen annahm, schrieb sie auf ein weißes Blatt Papier:

Barmherzigkeit gegenüber den anderen. – Würde gegenüber sich selbst. – Aufrichtigkeit gegenüber Gott. Dieses Motto stelle ich dem Buch voran, das ich schreiben möchte. 15. April 1847.[13] Im Dezember desselben Jahres schrieb sie an ihre Freundin Charlotte Marliani, die Frau des spanischen Konsuls in Paris: *Ich schreibe eine Geschichte meines Lebens (keine Bekenntnisse); die Leute sind zu gemein, als daß ich ihnen die Ehre geben würde, mich anzuklagen oder mich zu rechtfertigen. Es ist auch unmög-*

15

lich, den einen oder anderen darzustellen, ohne fast alle Menschen, mit denen man im Leben zu tun hatte, entweder anzuklagen oder sich zu ihnen zu bekennen. Jean-Jacques Rousseau hat es bewiesen, und ich bewundere sein Buch, dennoch mißbillige ich es als eine eher schlechte Tat. Daher werde ich niemandem Übles tun und niemandem Kummer bereiten. Ich habe genug aus meinem intellektuellen und moralischen (Künstler)leben zu erzählen, ohne jemanden zu meinem intimen Vertrauten machen zu müssen. Mein Buch wird ernst und nützlich sein . . .[14]

Und an den Maurer und Arbeiterdichter Charles Poncy schrieb sie während der Arbeit an ihrem Buch: *Übrigens ist unser Leben verwoben mit all jenen, die uns umgeben, und man kann sich nicht wegen einer Sache rechtfertigen, ohne gezwungen zu sein, jemanden anzuklagen, manchmal unseren besten Freund. Nun möchte ich niemanden anklagen oder betrüben. Das wäre mir widerwärtig und würde mir noch weher tun als meinen Opfern. Ich glaube, daß ich ein brauchbares Buch mache, das keiner zu fürchten braucht, in dem es keine Skandale gibt, das weder eitel noch unterwürfig ist, und ich arbeite mit Vergnügen daran.*[15]

Die Eigenschaft George Sands, niemanden betrüben zu wollen, wurde stärker, je älter sie wurde, das heißt eben auch, je mehr sie selber – wenn vielleicht auch unwillentlich – Kummer zufügte und je mehr sie selber verletzt wurde. Als sie 1847, mit 43 Jahren, an die Niederschrift der *Geschichte meines Lebens* ging, wollte sie auch gegenüber ihren Ahnen freundlich sein, von denen sie ihrer Meinung nach vieles geerbt hatte. Um ihr eigenes Leben erzählen und erklären zu können, hielt sie es für notwendig, das ihrer Vorfahren verständlich zu machen.

Nach der ausführlichen Darstellung besonders auch des Lebens ihres Vaters, der starb, als er erst 30 Jahre alt war, kommt sie endlich auf ihre eigene Geburt zu sprechen:

Eines Tages hatten sie (ihre Eltern, die Schwester ihrer Mutter und mehrere Freunde) *einige Quadrillen getanzt; meine Mutter trug gerade ein hübsches rosenfarbenes Kleid, und mein Vater spielte auf seiner treuen Cremoneser Geige eine Tanzmelodie eigener Erfindung. Meine Mutter war ein bißchen leidend, verließ die Tanzenden und ging in ihr Zimmer. Da ihr Gesicht nicht entstellt war, und da sie sich in größter Ruhe fortbegeben hatte, wurden die Contretänze fortgesetzt. Bei dem letzten Chassez-huit begab sich meine Tante in das Zimmer meiner Mutter und rief in demselben Augenblicke: «Kommen Sie, kommen Sie, Maurice! Sie haben eine Tochter!»*

«Sie soll Aurore heißen, wie meine gute Mutter, die nicht hier ist, um sie zu segnen, aber die sie eines Tages segnen wird», sagte mein Vater, indem er mich in seine Arme nahm. Es war der 5. Juli 1804, im letzten Jahr der Republik und im ersten des Kaiserreichs. «Ihre Geburt war von Musik und Rosenrot umgeben, sie wird glücklich sein!» rief meine Tante.[16]

Als Aurore Dupin, die spätere George Sand, am 1. Juli 1804 in Paris

Aurore Dupin (die spätere George Sand) als Kind.
Zeichnung von dem Hauslehrer J.-L.-F. Deschartres

zur Welt kam (über das genaue Datum ihrer Geburt war sie lange im unklaren; daher oben die falsche Angabe des 5. Juli), waren ihre Eltern erst einen Monat verheiratet, und zwar gegen den ausdrücklichen Willen der Mutter ihres Vaters. Diese fand, die Frau ihres Sohnes habe ein zweifelhaftes Leben geführt und die Ehe sei nicht standesgemäß. Von ihrem Landsitz in Nohant aus reiste sie nach Paris, um die Ehe annullieren zu lassen. Als ihr Sohn davon erfuhr, versuchte er, mit Hilfe seiner kleinen Tochter Aurore das Herz seiner Mutter zurückzugewinnen. Er übergab Aurore der Pförtnerin, damit diese das Kind seiner Mutter bringe. Über diese Begebenheit schreibt George Sand in der *Geschichte meines Lebens*:

Die Pförtnerin begab sich in die Wohnung meiner Großmutter und verlangte unter irgendeinem Vorwande mit ihr zu sprechen. Als sie vorgelassen war, sagte sie ihr, ich weiß nicht was, unterbrach sich aber plötzlich in ihren Plaudereien, um zu bemerken: «Sehen Sie mal, Madame, welch hübsches kleines Mädchen ich hier habe. Ich bin ihre Großmutter; ihre Amme hat sie mir heute gebracht, und ich bin so glücklich darüber, daß ich mich keinen Augenblick von ihr trennen kann.»

17

«Ja, sie ist sehr frisch und kräftig», sagte meine Großmutter und holte ihre Bonbonnière; sogleich legte mich die gute Frau, die ihre Rolle vortrefflich spielte, auf den Schoß der Großmutter, die mir Süßigkeiten reichte und anfing, mich mit Erstaunen und einer gewissen Bewegung zu betrachten. Plötzlich stieß sie mich zurück und rief: «Sie täuschen mich, dies Kind gehört nicht Ihnen! Es sieht Ihnen nicht ähnlich – ich weiß, ich weiß, was es ist!»

Es scheint, daß ich, erschreckt über die Bewegung, die mich von dem mütterlichen Schoß entfernte, anfing, nicht zu schreien, sondern wirkliche Tränen zu vergießen, die großen Eindruck machten. «Komm, mein guter kleiner Liebling», sagte die Pförtnerin, indem sie mich wieder aufnahm, «man will dich nicht haben, wir gehen fort!»

Meine gute Großmutter war besiegt: «Geben Sie mir die Kleine wieder», sagte sie, «das arme Kind! Seine Schuld ist es ja nicht! Aber wer hat sie hergebracht?» – «Ihr Herr Sohn selbst, Madame; er wartet unten, und ich will ihm seine Tochter wiederbringen. Verzeihen Sie, wenn ich Sie beleidigt habe, aber ich, ich wußte nichts! Ich weiß nichts! Ich dachte Ihnen eine Freude zu bereiten – eine schöne Überraschung . . .» – «Gehen Sie, gehen Sie, meine Liebe, ich zürne Ihnen nicht», sagte meine Großmutter, «holen Sie meinen Sohn und lassen Sie mir das Kind.»

Mein Vater sprang die Treppe in großen Sätzen herauf, fand mich auf dem Schoße, in den Armen meiner Großmutter, welche sich weinend bemühte, mich zum Lachen zu bringen. Man hat mir nicht erzählt, was zwischen den beiden vorging, und da ich erst acht oder neun Monate alt war, ist es wahrscheinlich, daß ich nichts davon verstand. Ebenso wahrscheinlich ist es, daß sie miteinander weinten und sich dann um so inniger liebten. Meine Mutter, welche mir dies erste Abenteuer meines Lebens mitteilte, hat mir gesagt, daß ich, als mich der Vater zu ihr zurückbrachte, einen schönen Ring mit einem großen Rubin in den Händen hielt; meine Großmutter hatte ihn sich vom Finger gezogen, hatte mir aufgetragen, ihn meiner Mutter anzustecken, und mein Vater sorgte dafür, daß ich dies pünktlich vollführte.

Es verging indessen noch einige Zeit, ehe meine Großmutter einwilligte, ihre Schwiegertochter zu sehen; aber schon verbreitete sich das Gerücht, daß mein Vater eine unpassende Verbindung geschlossen hätte, und ihre Weigerung, meine Mutter zu empfangen, mußte notwendigerweise zu nachteiligen Folgerungen über dieselbe und also auch über meinen Vater Anlaß geben. Meine Großmutter erschrak über den Schaden, der aus ihrem Widerwillen entstehen konnte; sie empfing die zitternde Sophie und wurde durch ihre naive Unterwürfigkeit, durch ihre zärtlichen Liebkosungen vollständig entwaffnet.[17]

Georges Lubin führt eine Reihe einleuchtender Gründe dafür an, daß Aurore möglicherweise bereits zwei Jahre gewesen ist, als ihre Großmutter sie zum erstenmal sah.[18] Wie dem auch sei, bis zum April 1808 lebte sie mit ihrer schönen und zärtlichen Mutter Sophie-Victoire in einer bescheidenen Wohnung in Paris, während ihr Vater, der Oberst Dupin, an den Feldzügen Napoleons I. teilnahm. Als 1808 die französischen Truppen den Volksaufstand der Spanier gegen die Herrschaft von Napoleons Bruder Joseph niederzuschlagen suchten, kämpfte Aurores Vater als Adjutant Murats, des Schwagers von Napoleon, in Madrid. Sophie-Victoire, die im achten Monat schwanger war, reiste ihm nach und nahm die vierjährige Aurore mit. Obgleich diese Reise strapaziös war, gab es nach George Sands Erinnerung viele freundliche Momente. Sophie-Victoire, die ein sehr schlechtes Gedächtnis hatte, versuchte ihrer Tochter zu einem besseren zu verhelfen – durch ein eigentümliches Verfahren, das mit Auswendiglernen nichts zu tun hatte, das auch George Sand, die ihr schlechtes Gedächtnis für Veranlagung hielt, ihren Kindern später ersparte. Sophie-Victoire machte mit ihr Gedächtnisübungen, die die Sinne schärften und die Fähigkeit zu Assoziationen entwickelten. Sie zeigte ihr auf der Reise die verschiedensten Dinge und sagte, sie müsse das, was sie sehe, im Gedächtnis behalten, um sich daran erinnern zu können. *So sagte sie mir, als sie die blühenden Ackerwinden sah: «Atme ihren Duft ein; sie riechen nach gutem Honig; und vergiß sie nicht!» Das ist, soweit ich mich erinnere, das erste Mal, daß mir der Geruchssinn entdeckt wurde, und durch eine Verkettung von Erinnerungen und Empfindungen – wie sie jeder kennt, ohne es erklären zu können – geschieht es, daß ich den Duft der Ackerwinden niemals einatme, ohne die spanische Berglandschaft und den Wegrand zu sehen, wo ich sie das erste Mal pflückte.*[19]

Diese Zeilen lassen möglicherweise nicht zufällig an jene berühmte Stelle bei Marcel Proust denken, wo ihm beim Zergehenlassen einer in Tee eingetauchten Madeleine auf der Zunge vielfältige Erinnerungen an seine Tante Léonie und seine eigene Kindheit kommen. George Sands Werke hatten einen gewissen Einfluß auf Proust. Seine Mutter las ihm in seiner Kindheit daraus vor. In seinem Hauptwerk «Auf der Suche nach der verlorenen Zeit» sagt er von George Sands Prosa, daß sie «Güte» und «seelische Vornehmheit atmet».[20]

Insgesamt gesehen verlief die Reise durchs feindliche Spanien äußerst beschwerlich. Der Junge, den Sophie-Victoire in Madrid zur Welt brachte, war blind. Auf der Rückreise, die sie gemeinsam mit dem Vater antraten, wurden die Kinder von einer ansteckenden Hautkrankheit, der Krätze, befallen; sie fieberten und litten alle möglichen Entbehrungen. Ausgehungert und krank kamen sie in Nohant an. Die beiden Kinder glichen *zwei regungslosen, brennenden Klumpen*[21]. Die Großmutter forderte Sophie-Victoire auf, sich intensiv um den kranken Auguste zu kümmern; sie selber nahm sich Aurores an: *Sie trug mich in ihr Zimmer, und diese vortreffliche Frau, die sonst so empfindlich war, legte mich ohne Abscheu vor dem schrecklichen Zustande, in dem ich mich befand, auf ihr eigenes Bett.*

Dies Bett und dies Zimmer, dessen Dekorationen damals noch neu waren, erschienen mir wie ein Paradies. Die Wände waren mit großgeblümtem Kattun überzogen, alle Möbel waren aus der Zeit Ludwigs XV. Das Himmelbett hatte große Federbüsche an den vier Ecken, doppelte Vorhänge, eine Menge Schnitzwerk, Kissen und Garnierungen, deren Pracht und Feinheit mich in Erstaunen setzten. Ich wagte nicht, mich an einem so schönen Ort behaglich niederzulassen, denn ich war mir bewußt, wieviel Ekel ich einflößen mußte, und fühlte mich dadurch sehr gedemütigt. Aber man überhäufte mich mit Liebkosungen und bewies mir eine Sorgfalt, bei welcher ich dies bald vergaß. Die erste Person, die ich nach meiner Großmutter sah, war ein dicker Junge von neun Jahren, der mit einem ungeheuren Blumenbouquet eintrat und es mir mit freundlicher, lustiger Miene ins Gesicht warf. Meine Großmutter sagte: «Das ist Hippolyte, umarmt euch, meine Kinder!» Wir umarmten uns, ohne weitere Erklärungen zu verlangen, und ich verlebte manches Jahr mit ihm, ohne zu wissen, daß er mein Bruder war.[22] (Hippolyte war jenes uneheliche Kind, das Aurores Vater mit einem Dienstmädchen vor seiner Eheschließung mit Sophie-Victoire gezeugt hatte und mit dem zusammen sie von dem ehemaligen Erzieher ihres Vater, Jean-François-Louis Deschartres, unterrichtet werden sollte.)

Während Aurore sich schon bald erholte, wurde ihr kleiner Bruder Auguste immer kränker und starb nach wenigen Wochen. Fassungslos und zweifelnd, ob das Kind wirklich tot sei, überredete Sophie-Victoire ihren Mann, das Kind nachts wieder aus der Friedhofserde auszugraben. Einen Tag lang schloß sie es in ihr Zimmer, kleidete es neu ein, legte es in seine Wiege und vergrub diese zusammen mit ihrem Mann in der nächsten Nacht unter einem Birnbaum des Gartens, der zum Landgut ihrer Schwiegermutter gehörte. Nur eine Woche später, am 16. September 1808 – Aurore war gerade vier Jahre alt –, verunglückte ihr Vater tödlich bei einem Sturz von seinem Pferd. Der Schock, die Trauer und die Verzweiflung bei Mutter und Großmutter waren unbeschreiblich. Eingedenk dieser für ein Kind nur schwer erträglichen Situation schrieb George Sand 53 Jahre später an Lemoine-Montigny, der seine Frau verloren hatte: *Ich erinnere mich an meine Kindheit: mein Vater ganz plötzlich verschwunden; zuviel Klageschreie und zuviel Tränen in meiner Gegenwart; die Unmöglichkeit, das Wort n i e m a l s m e h r zu verstehen, und die Reaktion, die sich in mir gegen die Erstarrung meiner Verwandten bildete; schließlich der Tod, der mich in der Stille eines in Bestürzung versetzten Hauses ereilte – all das habe ich etwa zehn Jahre lang physisch empfunden. Bewahren Sie Ihre Kinder vor dieser Gefahr. Sie werden es Ihnen eines Tages zu danken wissen ...*[23] In der Geschichte ihres Lebens heißt es, daß die Tränen, die Trauer, die Klagen sie fast zerbrochen hätten.

Drei Jahre lebten Großmutter, Mutter und Enkelin unter einem Dach – drei Jahre, in denen der Kummer die beiden so verschiedenen Frauen

Hippolyte Chatiron, Aurores Halbbruder.
Pastell von Mme Dupin de Francueil

zusammenschweißte. Die Mutter: lebhaft, leidenschaftlich, jähzornig, sprunghaft und doch auch immer wieder herzensgut; die Großmutter: kühl, ernst, überlegt, fürsorglich, diszipliniert und würdevoll – das waren die Fronten, zwischen denen Aurore aufwuchs. Da ihre Zuneigung und Liebe beiden Frauen galt, war sie oft traurig und innerlich zerrissen. Gleichzeitig bildeten sich allmählich die für sie so charakteristischen Eigenschaften aus: schweigen, zuhören und beobachten können, eine leidenschaftliche, spontane Aufrichtigkeit und eine engagierte Hilfsbereitschaft.

Da zwischen den beiden Frauen kein Einverständnis möglich war, einigten sie sich darauf, daß die Großmutter Aurores Erziehung übernehmen sollte. Die Sommermonate wollte Sophie-Victoire in Nohant verbringen; während der Wintermonate würden die Großmutter und Aurore in Paris leben. 1810 verließ Sophie-Victoire Nohant, um sich in Paris niederzulassen und um für ihre erste Tochter, die aus Nohant verbannte Bastardin Caroline, zu sorgen. Sophie-Victoire erhielt übrigens eine jährliche, nicht geringe Rente von ihrer Schwiegermutter. Für Aurore, die an ihrer jungen, schönen, zärtlichen Mutter voll leidenschaftlicher Zuneigung hing, war diese erste Trennung eine bittere und schmerzliche Erfahrung, zumal sie in die Pläne der beiden Frauen nicht eingeweiht war und sehnsüchtig auf die Erfüllung des Versprechens ihrer Mutter wartete, sie nach Paris zu holen, wo sie gemeinsam einen kleinen Laden betreiben wollten. Die Enttäuschung über die Nichterfüllung des Versprechens, den Schmerz über das Verlassenwerden konnte sie lange nicht verwinden.

Der Landsitz Nohant um 1818

Noch siebzehn Jahre später war diese Wunde nicht verheilt. In der *Voyage en Auvergne*, einem 25 Seiten langen Reisebericht, der erst nach ihrem Tod erschien, schrieb die damals dreiundzwanzigjährige Aurore, selber bereits Mutter von zwei Kindern: *O meine Mutter, was habe ich Euch getan? Warum liebt Ihr mich nicht? Ich bin doch gut ... O wie einfach war es, mich zu leiten. Ein einziges Wort von Euch zerstörte alle meine Entschlüsse ... Wenn Ihr zornig wart, zitterte ich, wurde blaß und glaubte zu sterben. O wie hätte ich Euch geliebt, meine Mutter, wenn Ihr es gewollt hättet. Aber Ihr habt mich verraten, Ihr habt mich belogen, Mutter, ist es möglich, Ihr habt mich belogen? Wie schuldig Ihr seid, Ihr habt mir das Herz gebrochen ... Ihr habt mir Gefühlskälte und Bitterkeit in die Seele gegossen, die ich in allem wiederfinde ... Wenn ich ein anderes Mädchen in den Armen seiner Mutter sehe – glücklich, geliebt, beschützt – ringe ich die Hände und denke an Euch, die Ihr mich verlassen habt.* [24]

Als Aurore von ihrer Mutter verlassen wurde, war sie sechs Jahre alt. Es gab niemanden, dem sie ihr liebebedürftiges Herz hätte ausschütten können. Und obgleich sie Spielgefährten, einen Lehrer und schließlich eine fürsorgliche Großmutter hatte, war sie doch manchmal recht einsam. Sie flüchtete sich in den Park, hielt Zwiegespräche mit einem tröstenden, hilfreichen Gott, den sie sich selbst erschaffen hatte und dem sie den Namen Corambé gab, errichtete ihm einen Altar und brachte ihm Gaben dar. Er war der Held der abenteuerlichen Geschichten, die sie sich selber erzählte und in denen das Gute immer über das Böse siegte.

Die Großmutter hatte ein ambivalentes Verhältnis zu ihrer Enkelin. Auf der einen Seite wollte sie eine vornehme, gebildete junge Dame aus ihr machen, auf der anderen Seite war – sicherlich unbewußt – der starke Wunsch vorhanden, dieses Kind an die Stelle ihres Sohnes zu setzen, über dessen Verlust sie untröstlich war. Aurores Stimme, ihre Gesichtszüge, ihre Gesten und Vorlieben erinnerten sie an ihren Sohn, und die große Ähnlichkeit bewirkte, daß sie sie mit dem Namen ihres Sohnes, «Maurice», rief und sie, wenn sie mit ihr sprach, «mein Sohn» nannte.[25]

Solche Erfahrungen werfen ein Licht auf das Rätsel der sehr innigen Altersfreundschaft zwischen George Sand und Gustave Flaubert, zwei so grundverschieden wirkenden Menschen – die Romantikerin Sand: gesellig, leicht arbeitend, idyllische Romane mit lauteren, idealen Menschen schaffend; Flaubert: menschenscheu, schwer arbeitend, einen «roman sans sujet», ein «livre sur rien» als sein Ziel angebend.[26] Jean-Paul Sartre weist in seinem großartigen Alterswerk über Gustave Flaubert, «Der Idiot der Familie»[27], darauf hin, daß Gustave als Sohn unerwünscht war. Als er geboren wurde, gab es bereits einen älteren Bruder, den Statthalter und Erben – in allem eine Wiederholung des Vaters. Die fromme und kühle Mutter aber wünschte sich eine Tochter, von der sie – wenn auch unbewußt – hoffte, sie könne ihr helfen, jene Schuldgefühle abzubauen, die sich durch den Tod ihrer eigenen Mutter bei ihrer Geburt in ihr eingenistet hatten. Die Geburt eines Sohnes – in diesem Fall Gustaves – stellte für sie eine Enttäuschung dar. Der zunächst zärtliche Vater, dessen Ansprüchen das heranwachsende Kind bald nicht mehr genügte, entzog Gustave seine Liebe, als dieser etwa sieben Jahre alt war.

Schlecht geliebt wurden sie beide: die sechsjährige Aurore wurde von ihrer Mutter verlassen und von der Großmutter in die Rolle des Sohnes gedrängt, Gustave mit etwa sieben Jahren von seinem Vater verstoßen und von seiner Mutter als männliches Kind nicht gewollt. Später träumte Gustave davon, eine Frau zu sein, eine Frau, die geliebt wird um ihrer selbst willen. Aurore liebte später Männer, die feminin waren. In ihren Liebesbeziehungen spielte sie – darauf wies Gabrielle Wittkop-Ménardeau hin – eher den männlichen Part, und ihr vielbeschworener «mütterlicher Instinkt» war eher ein «Vater-Instinkt».

«Die Idealgestalt, die sie in sich selbst zu verwirklichen sucht, ist die des Ritters, der sich in die vorderste Linie der Schlacht wirft, die armen Pilger versorgt und sich zum Schutz der Unterdrückten in wilde Abenteuer stürzt.»[28] Es sind gewiß die gleichartigen, frühkindlichen, schmerzlichen Erfahrungen, die George Sand und Gustave Flaubert ein so gutes Einvernehmen und ein so freundschaftliches Verständnis für die Lage des anderen ermöglichten. Die gegensätzlichen Konsequenzen, die sie beide für ihr Leben gezogen hatten – sie war der Meinung, nicht mehr zu lieben, bedeute nicht mehr zu leben; er hingegen versuchte zu hassen und warf ihr Mangel an Haß vor –, waren Reaktionen auf ein gemeinsames Trauma.

Obgleich die kleine Aurore für Marie-Aurore Dupin de Francueil

Gustave Flaubert, Kinderbildnis.
Zeichnung von E. H. Langlois

gleichsam eine Verkörperung ihres verstorbenen Sohnes war, wünschte diese die Enkelin doch auch so zu erziehen, daß sie einmal eine vollendete Vertreterin ihrer sozialen Schicht darstellen und eine würdige Erbin des weitläufigen Landsitzes in Nohant im Berry sein würde. Der kindliche Drang zum Umhertollen, der Hang zur Ungebundenheit, ja selbst die Wißbegierde wurden bekämpft und unterdrückt. Aurore wurde in die Rolle einer kleinen Erwachsenen gezwängt:

Ich sollte mich nicht mehr auf der Erde wälzen, nicht mehr laut lachen, nicht mehr im Dialekt des Berry sprechen. Ich sollte mich gradehalten, Handschuhe tragen, ruhig sein oder nur leise in einem Winkel mit Ursel- chen flüstern. Jedem Ausbruch meines Wesens wurde eine sehr sanfte, aber nachdrückliche Zurückweisung zuteil. Man schalt nicht mit mir, aber man nannte mich Sie, und das sagt genug. Da hieß es: «Liebe Tochter, Sie halten sich wie eine Verwachsene; liebe Tochter, Sie gehen wie ein Bauern- mädchen; liebe Tochter, Sie haben schon wieder die Handschuhe verloren; liebe Tochter, Sie sind zu groß, um so etwas zu tun!» Zu groß! ich war sieben Jahre alt, und man hatte mir nie gesagt, daß ich zu groß wäre. Es flößte mir eine fürchterliche Angst ein, daß ich plötzlich, seit der Abreise meiner Mutter, so groß geworden sein sollte. Überdies mußte ich eine Men-

ge von Gebräuchen lernen, die mir lächerlich vorkamen; ich sollte vor den Leuten, die meine Großmutter besuchten, eine Verbeugung machen, sollte die Küche nicht mehr betreten und nicht mehr Du zu den Domestiken sagen, damit auch sie die Gewohnheit verlören, mich zu duzen. Ich durfte auch meine Großmama nicht Du nennen, durfte nicht einmal Sie zu ihr sagen, sondern mußte in der dritten Person mit ihr sprechen: «Will mir Großmama erlauben, in den Garten zu gehen?» Ich fühlte, daß ich mir durch jede Torheit, die ich unter ihren Augen beging, ihren Tadel zuzog, und dieser Tadel, der in so höflicher, kalter Weise ausgedrückt wurde, erkältete mich bis in das Mark meiner Knochen. Ich tat meinen Neigungen eine solche Gewalt an, daß ich ein krampfhaftes Schaudern davon bekam, worüber sie sich ängstigte, ohne den Grund zu kennen. Sie hatte ihr Ziel erreicht, das vor allem darin bestand, mich folgsam zu machen ...

Das feierliche Benehmen der Großmutter bedrückte meine Seele. Ihr düsteres, von Wohlgerüchen erfülltes Zimmer verursachte mir Kopfschmerzen und krampfhaftes Gähnen. Sie fürchtete Hitze und Kälte, Zugwind und Sonnenstrahlen, und es kam mir vor, als sperrte sie uns beide in eine große Schachtel, wenn sie mir sagte: «Amüsiere dich still.» Sie gab mir Bilder zu besehen, aber ich sah sie nicht, denn ich hatte den Schwindel. Ich

Aurore Dupin, Kinderbildnis.
Pastell von Mme Dupin de Francueil

bebte, wenn ich draußen einen Hund bellen hörte oder wenn ein Vogel im Garten sang; ich wäre gern der Hund oder der Vogel gewesen.[29]

Während der Sommermonate wurde Aurore von ihrer Großmutter, von Deschartres, dem ehemaligen Erzieher ihres Vaters, und von dem Organisten des nahe gelegenen Ortes La Châtre unterrichtet, in den Wintermonaten, wenn sie sich in Paris aufhielten, von verschiedenen Privatlehrern. Der gesamte Unterricht – ausgenommen der von Deschartres und die Gesangsstunden der Großmutter – wurde von Aurore als Einengung, als Verbiegung ihres Geistes, als Dämpfung ihrer Wißbegierde und Reduzierung ihrer Lernfähigkeit empfunden. Glücklich war sie, wenn sie nicht stur Übungen auf dem Klavier vortragen mußte, sondern selber improvisierte, wenn sie nicht Geschichtszahlen auswendig lernen mußte, sondern Geschichte mit ihrer Phantasie lebendig machen konnte. Neben vielem Freudlosen gab es aber auch zahllose Stunden des Unbeschwertseins, zum Beispiel wenn sie mit ihrem Halbbruder Hippolyte und anderen gleichaltrigen Spielgefährten – Bauernkindern aus der Umgebung – unbeaufsichtigt im Park herumstromerte oder wenn sie mit Deschartres ausritt, der die Kranken in der näheren Umgebung versorgte, ohne sich diese Dienste bezahlen zu lassen. Weil es praktischer war, hatte er ihr empfohlen, Hosen zu tragen, eine Praxis, auf die sie noch oft zurückgreifen sollte, zum Beispiel, als sie sich später aus finanziellen Gründen nicht den einer Frau ihres Standes geziemenden Platz im Theater leisten konnte. In Männerkleidern hielt man sie für einen Studenten, der Zutritt zu den billigen Plätzen hatte.

Indes wurde die Kluft zwischen Mutter und Großmutter immer größer. Beide versuchten, ihren Einfluß auf Aurore geltend zu machen. Die Großmutter wollte ihr eine aristokratische Erziehung zukommen lassen. Die Mutter hingegen haßte die vornehme Welt, von der sie einst wegen des Standesunterschieds zurückgestoßen worden war. Diese abweisende Einstellung verlangte sie auch von Aurore. Die Großmutter wiederum enthüllte vor ihrer Enkelin die leichtlebige Vergangenheit ihrer Schwiegertochter, die die Mätresse verschiedener Offiziere gewesen war. Aurore war sehr betroffen. In der *Geschichte meines Lebens* konnte sie ihrer Großmutter nicht den Vorwurf der Verständnislosigkeit ersparen. *Sie war in diesem Punkt, ich muß es sagen, ohne Mitleid und Einsicht, denn es gibt im Leben des Armen Verlockungen, Schicksale und Unglücksfälle, die der Reiche nie begreift und die er beurteilt wie ein Blinder die Farben.*[30]

Die egoistischen Erwartungen der beiden Frauen an Aurore riefen bei dem heranwachsenden Mädchen einerseits Trotzreaktionen und Aggressivität hervor, andererseits Trägheit, Lethargie und heimliche Tränen. Sie stand zwischen zwei sozialen Klassen und schwankte zwischen ihren Sympathien und Antipathien, zwischen dem, was von ihr erwartet wurde, und dem, was sie tun wollte oder konnte, hin und her. Sie spürte, daß sowohl ihre Mutter, die die Sprache des Volkes sprach, als auch ihre Großmutter,

Das Kloster der Englischen Augustinerinnen in Paris

die die freigeistige und liebenswürdige Art der gebildeten Schichten besaß, recht und unrecht zugleich hatten. Da ihre Liebe bestenfalls auf zeremonielle Zärtlichkeiten bei der einen und auf eine zwar manchmal leidenschaftliche, aber insgesamt unbeständige Zuneigung bei der anderen stieß, war sie oft traurig und innerlich zerrissen. Ihr Liebesbedürfnis wurde von keiner der beiden Frauen so gestillt, wie Aurore es gebraucht hätte. *Die einzige heftige Liebe, die ich je erlebt habe, die Liebe zu meiner Mutter, hat mich erschöpft und zerbrochen ... Ich mußte etwas außer mir lieben, und ich kannte niemand auf der Welt, den ich mit meiner ganzen Kraft hätte lieben können.*[31]

Dieses Dilemma – wem ihr überströmendes Herz zu Füßen legen? wen lieben, der sie lieben könnte, wie sie selber liebte: leidenschaftlich und zuverlässig? – sollte sie ihr ganzes Leben lang begleiten. 1818 aber wurde dem Hinundhergerissensein zwischen Mutter und Großmutter erst einmal dadurch ein Ende gemacht, daß die Großmutter die fast vierzehnjährige Aurore in das Kloster der Englischen Augustinerinnen in Paris schickte, damit sie sich standesgemäße Umgangsformen und eine angemessene Bildung aneigne.

In einem Kreis gleichaltriger Mädchen fühlte sich Aurore wohl und unbeschwert. Im ersten Jahr ihres Aufenthalts gehörte sie zu den sogenannten «Teufeln», jenen Mädchen, die tolle Streiche aushecken und – wo sie nur konnten – über die Stränge schlugen. Aber die Verständigkeit der Nonne Mater Mary-Alicia und des Jesuiten Abbé de Prémond, die sie nur ab und zu mit sanfter Ironie tadelten, führten dazu, daß Aurore sich ihrer als würdig erweisen wollte. Sie las die Bibel und studierte das Leben der Heiligen und Märtyrer. Einmal, als sie sich von der Stille in der Kirche, vom Gesang der Vögel draußen, von den im bunten Fensterglas sich brechenden Lichtstrahlen hatte gefangennehmen lassen und in tiefe Andacht versunken war [32], erlebte sie eine Art Halluzination, eine mystische Ekstase: *Plötzlich ging eine Erschütterung durch mein ganzes Wesen, ein Schwindel überfiel mich, ein weißer Glanz schien mich zu umgeben, und ich hörte eine Stimme in mein Ohr flüstern: Tolle, lege ...* (Nimm und lies) *Ich fühlte, daß sich der Glaube meiner bemächtigte und zwar durch das Herz, wie ich es gewünscht hatte, und war so dankbar dafür und so entzückt, daß ein Tränenstrom mein Gesicht benetzte.* [33] Eine glühende Frömmigkeit bemächtigte sich ihrer; sie hatte den intensiven Wunsch, Nonne zu werden.

Als die Großmutter von diesem Wunsch erfuhr, holte sie Aurore unverzüglich aus dem Kloster. Mit Bedauern und voller Trauer verließ das Mädchen den Ort, an dem sie soviel Fröhlichkeit und soviel Bewegendes erlebt hatte. Sie war sich aber auch bewußt, daß der Unterricht, der von uninteressierten und schlecht ausgebildeten Lehrerinnen, nicht aber von den teilweise sehr gebildeten Nonnen gegeben wurde, ganz und gar unzulänglich war. Bei der Lektüre ihres – wie sie sagte – *lieben Montaigne* empörte sie sich später über seine von ihr als frauenverachtend empfundene Einstellung: *Die Unfähigkeit und Leichtfertigkeit, die ihr uns vorwerft, sind ja nur die Folge jener miserablen Erziehung, zu der ihr uns verurteilt habt.* [34]

In Nohant versuchte Aurore sich selber weiterzubilden. Der Abbé de Prémond hatte, als sie ihn wegen der Wahl ihrer Lektüre um Rat bat, zu ihr gesagt: «Lesen Sie die Dichter, sie sind alle religiös. Und fürchten Sie die Philosophen nicht, sie sind alle machtlos.» [35]

Ihr immer ungestillter Wissensdurst ließ sie alles lesen, was ihr unter die Hände kam: Aristoteles und Leibniz, Locke und Montesquieu, Shakespeare und Tasso, Molière und die «einflußreichen Gestalten des neuen romantischen Menschen» [36]: Byron, Chateaubriand – den sie schätzte wegen der Leidenschaftlichkeit seines Empfindens und wegen seiner herrlichen Naturbeschreibungen und dessen «René» sie der bettlägerigen und von Tag zu Tag kränker werdenden Großmutter vorlas – und immer wieder Rousseau – *den Mann der Leidenschaft und des Gefühls*, der sie *erschütterte* [37], der Mann, *der das dem Menschen eingeborene Gute predigt und das Werk der Gesellschaft verdammt* [38].

Jean-Jacques Rousseau hatte als erster Schriftsteller die Schönheiten der Natur für die Literatur entdeckt und gab grandiose Schilderungen der Schweizer Alpen- und Seenlandschaften. Wenig später entdeckte und beschrieb Bernardin de Saint-Pierre die Schönheiten der Natur Indiens.

Jean-Jacques Rousseau
Büste von
Jean-Antoine Houdon

Chateaubriand schilderte die Savannen Amerikas und die riesigen Wälder Kanadas. George Sand aber sollte später die Schriftstellerin sein, die als erste von den Schönheiten der Natur in Frankreich selber erzählte, von der hügeligen, melancholischen Landschaft des Berry, in der sie aufgewachsen war, von ihren Flußläufen, Burgen und Schlössern, die sie zum Ort der Handlungen ihrer Romane machte, vom schwarzen Tal des Indre, dem von ihr sogenannten *Vallée Noire*.

Die Tage des Lesens, die Tag- und Nachtwachen am Bett der kranken Großmutter unterbrach die siebzehnjährige Aurore durch weite Ausritte und lange Spaziergänge. Einer ehemaligen Klassengefährtin, die ihr von den Erlebnissen ihrer ersten Bälle berichtet hatte, schrieb Aurore: *Du gehst nicht hinaus im langen Männermantel und mit der Mütze, das Gewehr über der Schulter, und wanderst über die gepflügten Felder, um einen armseligen Hasen aufzuscheuchen oder oft auch gar nichts.*[39] Die heranwachsende Aurore fühlte sich recht wohl, als sie eineinhalb Jahre lang ein fast unbeaufsichtigtes und freies Leben führte, das zwar durch die Wa-

Das Vallée Noire

chen am Bett der kranken Großmutter belastet, aber doch auch so unge-
bunden und selbstbestimmt war, wie es kaum ein siebzehnjähriges Mädchen zu Beginn des 19. Jahrhunderts erleben durfte.

Auf Anraten von Deschartres nahm sie Anatomieunterricht bei dem
Sohn des Bürgermeisters von La Châtre, dem Studenten Stéphane Ajasson de Grandsagne. Solche Kenntnisse würden sich als nützlich erweisen,
wenn sie ihren Lehrer bei seinen ärztlichen Hilfeleistungen unterstützte.
Das in den Anatomiestunden benutzte Skelett und die Männerkleidung,

die sie trug, heizten das Geschwätz der Kleinstädter an. Aurore lernte schon früh, auf üble Reden mit Unempfindlichkeit, ja sogar einer gewissen Verachtung zu reagieren.

Daß solche unkonventionellen und aufsehenerregenden Verhaltensweisen nicht etwas ganz Einmaliges und Außerordentliches waren, zeigt zum Beispiel der Lebenslauf von Stéphanie-Félicité Ducrest de Saint-Aubin, Comtesse de Genlis (1746–1830), Erzieherin Louis-Philippes. Sie lebte auch auf dem Land, spielte Harfe, las viel, schrieb Romane und Biographien, vertiefte sich in die Knochenlehre und ritt zu kranken Bauern, um sie zu pflegen. In George Sands Bibliothek befanden sich eine ganze Reihe ihrer Werke.

Als Marie-Aurore de Saxe, Mme Dupin de Francueil, am 26. Dezember 1821 starb, waren ihre letzten Worte an die Enkelin gerichtet: *«Du verlierst deine beste Freundin.»* [40] An diesen Satz sollte Aurore noch oft in den folgenden Jahren zurückdenken, wenn sie Entscheidungen ganz allein zu fällen hatte.

Mme Dupin wurde neben ihrem Sohn Maurice begraben.[41] In der Nacht vor der Beerdigung bat Deschartres Aurore, mit ihm auf den Friedhof zu gehen. *Wir näherten uns dem Grabe, das zur Aufnahme meiner Großmutter geöffnet war, und sahen in einem kleinen Gewölbe aus unbehauenen Steinen den Sarg meines Vaters stehen, neben dem in wenigen Stunden der meiner Großmutter seinen Platz finden sollte.*

«Ich habe dies sehen wollen», sagte Deschartres, «und habe die Arbeiter bei ihrem Werk beaufsichtigt. Der Sarg Ihres Vaters war noch unversehrt, nur die Nägel waren abgefallen. Als ich allein war, habe ich den Deckel abgehoben und das Skelett gesehen. Der Kopf war von selbst abgefallen; ich habe ihn aufgehoben und habe ihn geküßt. Dies hat mir, der ich seinen letzten Kuß nicht empfangen habe, eine große Erleichterung verschafft, und dann habe ich mir gesagt, daß auch Sie keinen Abschiedskuß von ihm empfangen haben. Morgen wird dies Gewölbe wieder geschlossen und wird wahrscheinlich erst wieder für Sie selbst geöffnet; darum müssen Sie jetzt hinabsteigen und die Reliquie küssen, das wird für Ihr ganzes Leben eine Erinnerung sein. Eines Tages müssen Sie auch die Geschichte Ihres Vaters schreiben, und wäre es auch nur, um die Liebe seiner Enkel, die ihn nicht gekannt haben, für ihn zu erwecken ...»

Ich war selbst ergriffen und aufgeregt genug, um alles, was mir mein armer Lehrer sagte, ganz in der Ordnung zu finden. Das, was wir taten, flößte mir nicht den geringsten Widerwillen ein ... Wir stiegen also in das Gewölbe hinab, und ich vollzog die fromme Handlung, deren Beispiel er mir gab, mit größter Andacht.

«Wir wollen hiervon mit niemandem sprechen», sagte er zu mir, als er noch immer mit dem Anschein der Ruhe den Sarg geschlossen hatte und an meiner Seite den Kirchhof verließ. «Man würde uns für wahnsinnig halten, und das sind wir doch nicht! Ist es nicht wahr?»

Das Sterbezimmer der Großmutter in Nohant

«Nein, sicherlich!» gab ich ihm voller Überzeugung zur Antwort.[42]

In *Consuelo*, jenem Roman, in den George Sand später all ihre Lieblingsthemen einarbeitete – die hervorragende Rolle des Künstlers, ihre Liebe zur Musik, zur Natur, ihren zeitweiligen Hang zum Mystizismus, ihre Religion der Gleichheit und Menschlichkeit –, in jenem Roman, den André Maurois für ihr Meisterwerk hielt, gibt es eine für George Sand kennzeichnende Stelle, die den Sinn der Szene am Grab ihres Vaters deutlich macht. Von der Titelheldin Consuelo, die den Leichnam ihres gerade erst angetrauten Ehemannes Albert betrachtet, heißt es dort: *Sie glaubte, diese teure und heilige Hülle zu kränken durch ein Gefühl, das den Toten schmerzlich wäre, wenn sie es bemerken könnten. Und wer sagt uns denn, daß der von seinem Kadaver abgelöste Geist es nicht bemerkte und darüber bitteren Schmerz empfände?*[43]

Nach der Beerdigung der Großmutter hatte Aurore das Bedürfnis, noch eine Nacht in Erinnerung an sie in ihrem Zimmer zu wachen. *Sobald alles Geräusch im Hause aufhörte und ich mich überzeugt hatte, daß ich allein noch auf war, ging ich hinunter und schloß mich in das Zimmer meiner Großmutter ein, in dem noch nicht wieder aufgeräumt worden war. Das Bett war aufgedeckt, und das erste, was mich ergriff, war der Anblick des genauen Abdrucks, welchen der Körper in der Schwere des Todes auf den Matratzen und dem Laken zurückgelassen hatte. Ich sah die Umrisse ihrer ganzen Gestalt, und als ich die Lippen darauf drückte, war es mir, als fühlte ich wieder die Kälte des Leichnams ... Draußen heulte der Nordwind; im Kamin sang der Teekessel und zirpte das Heimchen, das meine Großmutter nie von Deschartres vertreiben ließ, obwohl es sie oft aus dem Schlummer weckte; die Pendüle verkündigte die Stunden, aber die Repetieruhr, die am Bett der Kranken hing und die sie häufig zu befragen pflegte, blieb stumm. Ich wurde endlich von Ermüdung überwältigt und versank in tiefen Schlaf.*

Als ich nach mehreren Stunden erwachte, hatte ich alles vergessen und erhob mich, um zu sehen, ob sie ruhig schliefe. Aber dann kam die Erinnerung wieder und brachte mir Tränen, die mich erleichterten und mit denen ich ihr Kopfkissen überströmte, das noch immer die Form ihres Kopfes zeigte. Und dann verließ ich das Gemach, das am folgenden Tage versiegelt wurde und das mir durch die Formalitäten des materiellen Interesses entheiligt zu werden schien.[44]

Es wurde ein charakteristischer Zug George Sands, daß sie mit ihrem Kummer und Schmerz allein fertig zu werden suchte. Weil sie traurige und bedrückende Ereignisse in ihrem Leben dadurch überwand, daß sie sie ganz durchlitt, hatte sie ein von Herzen kommendes Verständnis für die Leiden anderer und konnte auf einfühlsame Weise helfen. Ihre Fähigkeit zu trauern steigerte ihre Fähigkeit zu lieben.

Mit dem Tod der Großmutter ging für Aurore ein Lebensabschnitt unwiderruflich zu Ende.

Auf der Suche nach sich selbst

Durch den Tod der Großmutter im Jahre 1821 wurde die siebzehnjährige Aurore Dupin Erbin des Landgutes Nohant mit etwa 400 Hektar Grundbesitz und des Hôtel Narbonne, eines vornehmen Hauses in Paris. Von diesem Erbe hatte sie ihrer Mutter, Deschartres und einigen alten Dienern eine Rente zu zahlen. Die Großmutter hatte der Mutter Aurores durch eine testamentarische Klausel die Vormundschaft entzogen und diese auf den Grafen René Vallet de Villeneuve, einen Vetter ihrer Enkelin, übertragen. René bot Aurore an, in seinem Schloß in Chenonceaux zu wohnen. Dafür verlangte er aber von ihr, sich von ihrer Mutter zu trennen. Aurore, die ihre Mutter immer noch mit leidenschaftlichem Ungestüm liebte, obgleich sie unter der schizophrenen Situation litt, einmal zärtlich geliebt, ein anderes Mal ungerecht und jähzornig abgewiesen zu werden, verzichtete unter dieser Bedingung darauf, nach Chenonceaux zu gehen. Am liebsten wäre sie zurück ins Kloster gegangen, wo sie einst am glücklichsten war.

Sophie-Victoire, die ihr lange vor dem Tod der Schwiegermutter ausgesprochenes Wort wahrmachte: *Nach Nohant werde ich erst dann zurückkehren, wenn meine Schwiegermutter tot ist*[45], wünschte, daß ihre Tochter mit ihr nach Paris gehe. Sie war eifersüchtig auf Aurores Bildung, von der sie glaubte, daß sie schuld an der Entfremdung zwischen ihnen beiden sei. Sie verbot ihr später sogar, überhaupt noch ein Buch in die Hand zu nehmen.

Für Aurore begann in Paris eine unglückselige Zeit. Die Interessen von Mutter und Tochter waren zu verschieden, als daß es in dem kleinen Haushalt Sophie-Victoires zu einem erträglichen Leben hätte kommen können. Auf die häufigen tränenreichen Zornesausbrüche der Mutter reagierte Aurore in zunehmendem Maße mit Schweigen und Insichgekehrtsein.

Schließlich fanden beide einen Ausweg aus dieser unerquicklichen Situation: im April 1822 zog Aurore um in das Haus der Familie eines Freundes ihres Vaters, Jacques Roëttiers du Plessis, genannt James.[46] Dessen Frau Angèle war nur zehn Jahre älter als Aurore. Sie hatte fünf Töchter, die wie Jungen gekleidet waren, weil die Eltern nicht ständig daran erinnert werden wollten, keinen einzigen Sohn zu haben. Das Familienleben empfand Aurore als heiter, unbeschwert, glücklich. Während der acht Wochen, die sie bei den Roëttiers verbrachte, erwachten in ihr wieder die alte Lebenslust und Fröhlichkeit, die ihrem Alter angemessen waren. Mehrere Heiratsangebote schlug sie aus. Seit ihrem siebzehnten Lebensjahr – damals hatte man ihr den Vorschlag gemacht, einen fünfzigjährigen General zu heiraten – wurde sie von ihren Verwandten immer wieder aufgefordert, bald zu heiraten, um die Chancen für eine günstige Partie nicht zu verpassen. Dieser gesellschaftliche Druck, aber auch der Horror davor, früher oder später wieder mit ihrer launischen Mutter zusammen leben zu müssen, schließlich der Eindruck des glücklichen Familienlebens der Roëttiers bewogen sie dazu, einem jungen Freund der Familie, dem vermögenslosen Leutnant Casimir Dudevant, ihr Ja-Wort zu geben, als dieser um ihre Hand anhielt. Mit Casimir, der ein als legitim anerkannter Sohn des Obersten Baron Dudevant und einer Dienstmagd war, verband Aurore Sympathie und ein Verhältnis, das sie als kameradschaftlich und angenehm bezeichnete.[47] Von Liebe war zwischen diesen beiden jungen Menschen nicht die Rede.

Aurores Mutter suchte zunächst mit zahlreichen ungerechtfertigten Beschuldigungen gegen Casimir die Hochzeit zu verhindern. Schließlich fand sie aber doch mit ihrem Einverständnis am 17. September 1822 statt. Ende Oktober begab sich das junge Paar nach Nohant, um dort den Winter zu verbringen. Allerdings stellte sich schon bald heraus, daß die Interessen der beiden ganz unterschiedlicher Natur waren. Casimir langweilte, was Aurore liebte: Bücher, Musik, Gespräche über Philosophie und Religion; und er liebte, was Aurore langweilte: Treibjagden, Saufgelage, Lokalpolitik und Frauengeschichten.

In den ersten Monaten ihrer Ehe gab sich Aurore aber der Illusion hin, Casimir würde sie so lieben, wie sie bereit war, ihn zu lieben: leidenschaftlich, zuverlässig, bewundernd. Um das zu erreichen, ordnete sie sich ihm ganz unter. Wenige Wochen nach der Hochzeit schrieb die Achtzehnjährige an ihre Freundin Emilie des Wismes: *Wenn zwei Menschen miteinander eine Ehe eingehen, so muß, glaube ich, einer von ihnen vollkommen auf sein eigenes Ich verzichten und nicht nur auf seinen Willen, sondern auch auf seine eigene Meinung: er muß sich entschließen, mit den Augen des andern zu sehen und das zu lieben, was dieser liebt.*[48]

Sie versuchte, ihrem Mann gefällig zu sein. Sie wollte eine schöne, starke, phantastische Liebe; sie wünschte sich ihre Ehe leidenschaftlich. Wenn Casimir auf Reisen war, schrieb sie ihm glühende, zärtliche Briefe: *Wenn ich mich vor unserer Heirat von Dir hätte gänzlich trennen müssen, wäre ich darüber verrückt geworden, und jetzt würde ich daran sterben ... Ich will Dir nur wiederholen, daß ich Dich anbete, daß ich Dich liebe, so sehr liebe, wie man auf Erden nur lieben kann!*[49] Und ein Jahr später: *Ich bete Dich an. Ich träume nur von Dir. Der leiseste Anschein von Vergessen oder Gleichgültigkeit von Deiner Seite läßt mich verzweifeln ... Mein En-*

*Paris, Stahlstich, erste Hälfte
des 19. Jahrhunderts*

*gel, ich bete Dich an, und wenn Du es mir nicht gleich tust, werde ich eher
aus Kummer als aus Ärger sterben.*[50] In die Liebesbeteuerungen der
Zwanzigjährigen schlichen sich aber auch schon eifersüchtige Ängste:
*Verheimliche mir nichts, wenn Du krank werden solltest, könnte ich Dich
holen, Dich pflegen ... Berichte mir alles bis ins kleinste, ruhe Dich aus,
schlafe gut und vor allem schlafe allein.*[51]

Aurore fürchtete also schon nach nur zwei Ehejahren, ihr Mann könnte
sie betrügen. Ob ihre Ängste 1824 berechtigt waren, wissen wir nicht.
Später aber, als er die Liebschaften mit Dienstmädchen der Liebe seiner
Frau vorzog, hatte Aurore allen Grund, eifersüchtig und empört zu sein.

Casimirs schon bald zutage tretender Mangel an Einfühlsamkeit ent-
täuschte sie auf eine Weise, die sie zunächst wahrscheinlich nicht einmal
zu formulieren gewußt hätte. Er ließ sie nicht nur physisch kalt und ver-
stärkte ihre durch die Erziehung bewirkte Frigidität, er behandelte sie
auch grob und roh, was sie schmerzte. Gerade weil ihre Zuwendung an-
fangs so leidenschaftlich war, mußte seine Kälte sie um so mehr enttäu-
schen. Später, als sie erfahrener war, konnte sie dieses Thema sehr frei-

mütig in ihren Romanen behandeln. Zwanzig Jahre nach ihrer Hochzeit, im Februar 1843, schrieb sie an ihren Halbbruder Hippolyte anläßlich der Heirat seiner Tochter: *Verhindere, daß Dein Schwiegersohn in der Brautnacht brutal mit Deiner Tochter umgeht, denn viele organische Leiden und schmerzhafte Niederkünfte haben bei zartbesaiteten Frauen keine andere Ursache. Die Männer wissen nicht genügend, daß dieses Vergnügen für uns eine Marter ist. Sag ihm also, er solle sich mit seiner Sinnenlust ein wenig zurückhalten und so lange warten, bis seine Frau durch ihn allmählich so weit gebracht ist, sie zu begreifen und zu erwidern. Nichts ist abscheulicher als der Schrecken, die Qual und der Abscheu eines armen Kindes, das von nichts weiß und sich nun von einem Rohling vergewaltigt sieht. Wir erziehen sie wie Heilige, dann aber geben wir sie wie Stutenfüllen preis ...*[52] Wieviel bittere eigene Erfahrung, wieviel Enttäuschung sprechen aus diesem Brief!

Neun Monate nach ihrer Hochzeit hatte sie einen Sohn zur Welt gebracht, den sie – nach ihrem Vater – Maurice nannte. Über die Geburt schrieb sie: *Das war der schönste Augenblick in meinem Leben, als ich,*

Das Ehepaar Aurore und Casimir Dudevant.
Gemälde von François Biard

nach einer Stunde tiefen Schlafs, die auf die furchtbaren Schmerzen dieser Krise folgte, beim Erwachen das kleine Wesen erblickte, das auf meinem Kopfkissen schlief. Ich hatte schon im voraus soviel von ihm geträumt, und ich war so schwach, daß ich mir nicht sicher war, ob ich nicht noch immer träumte. Ich wagte kaum, mich zu rühren, aus Angst, die Vision davonfliegen zu sehen, wie an den Tagen davor.[53]

Das Glück, ein gesundes Kind zu haben, das sie mit all den Zärtlichkeiten überhäufen konnte, die sie ihrem Mann nicht geben konnte, ließ Aurore zunächst aufblühen. Manchmal jedoch wurde sie von einer Traurigkeit ergriffen, die ihr unerklärlich war. Die Ursache dafür, schrieb sie in der *Geschichte meines Lebens*, lag in allem und in nichts. *Nohant war verbessert, aber vollständig umgestürzt. Im Hauswesen waren andere Gewohnheiten eingeführt, der Garten hatte ein anderes Ansehen gewonnen. Es herrschte mehr Ordnung, die Zimmer waren besser gehalten, die Alleen wurden gerader, die Plätze weiter; man hatte die dürren Bäume verbrannt; die alten unbrauchbaren, unreinlichen Hunde getötet; die alten untauglichen Pferde abgeschafft, mit einem Worte alles erneuert, verändert. Es war so besser, das ist nicht zu bezweifeln, und außerdem beschäftigten und befriedigten diese neuen Einrichtungen meinen Mann. Ich sah das ein und hatte vernünftigerweise nichts einzuwenden, aber der Mensch hat seine*

Wunderlichkeiten. Als ich diese Umgestaltung vor sich gehen sah, als der alte Phanor sich nicht mehr am Kamine ausstreckte und seine schmutzigen Pfoten auf den Teppich legte, als man mir sagte, daß der alte Pfau, der sein Futter aus der Hand meiner Großmutter genommen hatte, die Erdbeeren im Garten nicht mehr abfressen würde, als ich die einsamen, düsteren Plätze nicht mehr fand, an denen ich als Kind gespielt, als junges Mädchen geträumt hatte, als ich mich mit einem Worte in einer Umgebung sah, die nur von der Zukunft sprach, mich aber weder an die Freuden noch an die Schmerzen meiner Vergangenheit erinnerte, da wurde ich verwirrt und fühlte mich, ohne irgend das Bewußtsein eines augenblicklichen Unglücks zu haben, von einem krankhaften Lebensüberdrusse ergriffen.

Eines Morgens brach ich beim Frühstück, ohne alle äußere Veranlassung, plötzlich in Tränen aus. Mein Mann war erstaunt. Ich konnte ihm nichts erklären, als daß ich schon früher ohne Ursache ähnliche Anfälle von Verzweiflung gehabt habe und daß wahrscheinlich mein Kopf schwach und zerrüttet sei. Das war auch seine Meinung, und er schrieb die Schuld

Maurice Dudevant als Sechsjähriger. Zeichnung von George Sand

dem Aufenthalte in Nohant, dem kürzlichen Verluste meiner Großmutter, von dem hier alle Menschen mit Betrübnis sprachen, der Luft des Landes, kurz äußeren Veranlassungen zu, die ihm selbst eine Art von Mißbehagen verursachten, trotz der Jagd, der Promenaden und seiner Tätigkeit als Gutsbesitzer. Er gestand mir, daß es ihm im Berry durchaus nicht gefalle und daß es ihm lieber sein würde, wenn wir versuchten, an einem andern Orte zu leben. Wir kamen überein, das zu versuchen, und reisten nach Plessis ab.[54]

Im Kreis der Familie Roëttiers und anderer Freunde erholte sich Aurore sehr schnell, war unbeschwert, lebhaft und fröhlich. Darüber war Casimir verwundert, wenn nicht sogar verärgert. Als er sie einmal vor den Augen von Freunden ins Gesicht schlug, weil sie nicht auf ihn gehört und mit den Roëttiers-Töchtern weitergespielt hatte, obgleich er sie gerufen hatte, empfand sie das als eine Erniedrigung, die sie nie vergaß. Es war die erste einer ganzen Reihe von Demütigungen, die im Jahre 1836 zu einer endgültigen Trennung der Ehepartner führten.

1825 unternahmen die Dudevants gemeinsam mit dem Sohn Maurice eine Reise in die Pyrenäen. In Cauterets lernten sie den geistvollen und gutaussehenden Staatsanwaltsvertreter Aurélien de Sèze kennen. Während Casimir auf Hochgebirgsjagd ging, machten Aurore und Aurélien

Nohant. Zeichnung von Maurice Sand, 1850

weite Spaziergänge und verliebten sich ineinander. Aurore, die in den vorangegangenen Monaten immer kränklicher und nervöser geworden war, blühte auf. Sie spürte ein unwiderstehliches Verlangen *zu lieben, zu bewundern, gemeinsam mit jemandem, der meine Begeisterung teilte*; sie hatte den *unerklärlichen Wunsch, so geliebt zu werden, wie ich mich fähig fühlte, selber zu lieben.*[55] Sie wurde sich darüber klar, daß ihr *dunkler Kummer*[56] daher rührte, daß Casimir und sie *sich nicht verstanden*[57]. Sie warf dem guten *Kameraden*[58] von einst vor, daß er weder ihr Klavierspiel mochte noch ihre Liebe zur Literatur teilte; daß seine Kälte der Grund dafür war, daß ihre Liebe zu ihm aller Leidenschaftlichkeit beraubt und nur noch traurig war. Dennoch wollte sie ihren Mann nicht hintergehen. Ihre Liebe zu dem zartfühlenden und spottlustigen Aurélien, die leidenschaftlich war und leidenschaftlich erwidert wurde, blieb allem Anschein nach platonisch. Noch strebte sie eine ideale, eine Seelenliebe an – wie aus den zahlreichen Briefen, die sie ihm schickte, hervorgeht. Wie ernst und unerfüllt diese Liebe auch für Aurélien de Sèze war, geht aus einem Brief an Aurore hervor, den er ihr 1833, am Vorabend einer Vernunftehe schickte: «Adieu, mein Herz wird, von der Erinnerung an Sie erfüllt, erlöschen.»[59]

Aurore hatte zunächst noch den festen Willen und die Hoffnung, ihre Ehe zu retten. Sie arbeitete einen Vertrag aus, der eine Besserung in ihrer Beziehung herbeiführen sollte: gemeinsam würden sie fremde Sprachen lernen; er sollte Bücher aus der Bibliothek in Nohant lesen; sie würden darüber diskutieren; sie würde in seiner Gegenwart nicht mehr Klavier spielen; sie würde ihm ihre Briefe an Aurélien de Sèze zeigen, bevor sie sie abschickte; beide würden sie sich in Ruhe der Erziehung ihres Sohnes widmen.

Zwar kam Casimir durch die Aufrichtigkeit und den Ernst, mit dem Aurore versuchte, ein gutes, gemeinsames Leben zu führen, zur Besinnung und faßte gute Vorsätze, aber sein Desinteresse an Literatur und Musik, sein Hang zum Trinken, dem «unglückseligen Übel»[60], waren so groß, daß sie bald wieder das alte unselige Leben führten, ein Leben voller Mißhelligkeiten, Spannungen, Zwistigkeiten. Während Casimirs häufiger Abwesenheit beschränkte sich Aurore nun nicht mehr darauf, einem fernen Freund platonische Liebesbriefe zu schreiben, sondern traf sich mit Freunden aus der Nachbarschaft, die sie von Kindesbeinen an kannte, und machte auch ohne Casimir Reisen. Am 3. Dezember 1827 fuhr sie – begleitet von Stéphane Ajasson de Grandsagne, jenem gleichzeitig romantischen und zynischen Jugendfreund, der sie in der Knochenlehre unterrichtet hatte – nach Paris, um, wie sie vorgab, angesehene Ärzte aufzusuchen, von denen sie Hilfe in bezug auf sie beunruhigende Krankheiten erwartete.

Während ihres Aufenthalts dort traf sie sich sehr häufig mit Stéphane. Am 19. Dezember kehrte sie nach Nohant zurück. Das ganze folgende

Stéphane Ajasson de Grandsagne.
Lithographie von Achille Devéria

Jahr blieb sie in Nohant. Am 13. September, neun Monate nach ihrem Aufenthalt in Paris, schenkte sie ihrem zweiten Kind, der Tochter Solange, das Leben. Aurélien de Sèze, der Aurore zum erstenmal in Nohant besuchte, betrank sich am Abend der Geburt mit Hippolyte, Aurores Halbbruder.

Casimir behandelte Solange immer – auch nach der Trennung von Aurore – wie eine eigene Tochter, obgleich er starke Zweifel an seiner Vaterschaft haben mußte. Ob Solange die Tochter Ajasson de Grandsagnes war, ließe sich wahrscheinlich nach der Lektüre der Briefe Aurores an ihn sagen. Diese Briefe, von denen man nicht weiß, ob sie noch existieren, wurden aber bisher nicht veröffentlicht. Ein Sohn von Stéphane Ajasson de Grandsagnes sprach 1901 von 123 Briefen, aus denen hervorgehe, daß zwischen Aurore und Stéphane bereits 1820 und 1821 intime Beziehungen bestanden hätten.[61]

George Sand selber sprach in der *Geschichte meines Lebens* anläßlich der Geburt ihrer Tochter von einer Frühgeburt, die durch einen Schrecken ausgelöst worden sei.[62]

Obgleich Aurore und Casimir das Bett nicht mehr miteinander teilten, obgleich Aurore eine Reise, die sie allein unternahm, dazu benutzte, heimlich einen Abstecher nach Bordeaux zu machen, um Aurélien de Sèze zu sehen, und obgleich Casimir seinerseits ganz offen das Kindermädchen von Solange zu seiner Geliebten machte, dachte Aurore noch nicht daran, sich von ihrem Mann zu trennen. Sie beendete die Briefe an Casimir noch mit den Worten: *Adieu, mein Freund. Ich umarme Dich von ganzem Herzen.*[63] Oder sie leitete sie mit den Worten ein: *Mein lieber Casi* ... oder *Mein lieber Freund* ...[64] Doch führten zwei Ereignisse im Jahre 1830 zu einer entscheidenden Wendung in ihrem ehelichen Leben.

Im Kreis ihrer republikanisch gesinnten Freunde – Charles Duvernet, Gustave Papet, Pierre-Louis-Alphonse Fleury –, die sich häufig in La Châtre trafen – allesamt jünger als George Sand und noch unverheiratet –, lernte Aurore am 30. Juli 1830 den neunzehnjährigen Jurastudenten Jules Sandeau kennen und verliebte sich in ihn. Nachdem Casimir seine Mätressen nicht mehr verheimlichte, sah auch Aurore keinen Grund, aus Rücksicht auf diesen ungehobelten und ungeliebten Ehemann auf ihr ei-

Solange Dudevant. Zeichnung von Alfred de Musset

Aurore Dudevant um 1830. Aquarell von Candide Blaize

genes Glück zu verzichten. Mit einer Mischung aus Tollkühnheit, Naivität und Abenteuerlust ließ sie nachts – während Kinder und Dienstboten schliefen und ihr Mann seinen Rausch ausschlief – Jules Sandeau durchs Fenster zu sich hereinsteigen. Gustave Papet, der gemeinsame Freund, stand im Garten Wache. In einem Brief voll ungewollter Komik schrieb ihm Aurore Dudevant: *Sie haben also die Nacht in einem Graben verbracht, haben im Freien genächtigt wie ein armer Soldat, während wir unser Glück genossen und uns nicht aus den Armen des anderen reißen konn-*

ten. *Ach, sicher dreißigmal sagten wir uns: Los! Es muß sein, Gustave wartet, der arme Gustave. Jules kann es bestätigen, in unseren tollsten Liebesanwandlungen haben wir Sie gepriesen, Ihr Name verschmolz mit unseren Küssen, all unsere Gedanken galten Ihnen, weil Sie in unserem Herzen waren, zusammen mit unserer Liebe.*[65] An den gemeinsamen Freund, Émile Regnault, schrieb sie am selben Tag: *Ich bin ziemlich verrückt, aber ich bin sehr glücklich ... Die letzten drei Tage waren für mich drei Jahre ... Ich bin ein Dummkopf, ich bin ganz von Bissen und Schlägen entstellt. Ich kann mich kaum aufrecht halten. Ich bin wahnsinnig vor Freude. Wenn Sie jetzt hier wären, würde ich Sie bis aufs Blut beißen, um Sie ein wenig an unserem wütenden Glück teilhaben zu lassen.*[66]

Aber Jules Sandeau erwärmte nicht nur ihr – wie sie sagte – *erfrorenes Herz*; gemeinsam mit den Freunden, die sich einen Teil des Jahres in Paris aufhielten, war er ein Bindeglied zu dem ereignisreichen Leben in der Hauptstadt, von dem sich Aurore auf dem Land abgeschnitten fühlte. Begeistert begrüßte sie die Juli-Revolution von 1830, die dem Absolutismus ein Ende machte. Sie freute sich über den Sieg der Aufständischen, doch war ihre Begeisterung getrübt von Sorge: *Aber welche Verluste haben wir zu beklagen, und kann man sich über einen Erfolg freuen, wenn man um jene zittert, die man liebt?* fragte sie in einem Brief an die befreundete Mme Gondoüin Saint-Agnan.[67]

Daß die Vorkämpfer der Revolution, die Arbeiter, ihr Ziel – die Errichtung der Republik – nicht erreichten, wurde der Sechsundzwanzigjährigen noch nicht so schmerzlich bewußt, wie es später bei der Niederlage der Revolution von 1848 sein sollte. Aber sie war sich darüber klar, daß sie, um die wichtigen politischen und sozialen Probleme ihrer Zeit zu verstehen, die Geschehnisse aus nächster Nähe verfolgen müsse. *Ich fühlte das Bedürfnis,* so schrieb sie später in der *Geschichte meines Lebens, mich von der Kleinstädterei zu befreien, die Ideen und Formen des Tages zu kennen und die Fragen des Augenblicks zu verstehen.*[68]

Im November 1830, als sie noch überlegte, wie sie es fertigbringen könnte, mit Jules Sandeau und den anderen Freunden nach Paris, dem Zentrum von Kultur und Politik, zu gehen, entdeckte sie im Schreibtisch ihres Mannes sein «Testament». Es zeigte unverhüllt seine wahren Gefühle ihr gegenüber, und obgleich sie erschüttert und verletzt war, kam ihr diese Entdeckung doch sehr gelegen, weil sie ihr endgültig bestätigte, daß sie keinerlei Rücksicht auf Casimir zu nehmen brauchte. An Jules Boucoiran, den Erzieher ihres Sohnes Maurice, der gleichzeitig ihr Vertrauter und ein wichtiger Nachrichtenübermittler war, schrieb Aurore im Dezember 1830: *Als ich etwas im Sekretär meines Mannes suchte, fand ich ein an mich adressiertes Bündel mit Papieren. Dieses Bündel frappierte mich wegen seines feierlichen Aussehens. Es trug die Aufschrift: Erst nach meinem Tod zu öffnen. Ich hatte nicht die Geduld zu warten, bis ich Witwe würde. Bei einer Gesundheit wie der meinen, kann man nicht damit rechnen, je-*

45

Jules Sandeau in späteren Jahren.
Kupferstich von Metzmacher, um 1850

manden zu überleben. Übrigens stellte ich mir vor, mein Mann sei tot, und
ich war begierig zu erfahren, wie er über mich während seines Lebens dachte. Ich hatte ein Recht, das an mich adressierte Bündel zu öffnen, ohne
einen Vertrauensbruch zu begehen, und da mein Mann sich in bester Verfassung befand, konnte ich kaltblütig sein Testament lesen. Bei Gott! Welch
ein Testament! Verfluchungen und Verwünschungen, nichts sonst. Er hatte
dort seinen ganzen Verdruß und Zorn gegen mich angesammelt, all seine
Überlegungen gegen meine Perversität, seine ganze Verachtung meines
Wesens niedergeschrieben, und er ließ mir dies als Unterpfand seiner Zärtlichkeit. Ich glaubte zu träumen, ich, die ich bis dahin die Augen geschlossen hielt und nicht wahrhaben wollte, daß ich mißachtet wurde; die Lektüre
dieses Testamentes riß mich aus meinem Schlaf. Ich sagte mir, das Zusammenleben mit einem Mann, der seine Frau weder achtet, noch ihr vertraut,
ist so, als führe man bei lebendigem Leib das Leben von Toten.[69]

Der Entdeckung des «Testaments» folgte eine große Auseinandersetzung zwischen den Ehegatten. Ein modus vivendi wurde vereinbart: Casimir zahlte Aurore eine jährliche Rente von 3000 Francs – das war etwa ein Fünftel der jährlichen Einnahmen, die das Gut in Nohant und das Hôtel Narbonne abwarfen, über die Aurore nicht mehr verfügte, nachdem durch die Heirat die Rechte daran an ihren Mann übergegangen waren. Außerdem gestattete er ihr, sechs Monate im Jahr in Paris zu leben.

Im Januar 1831 begab sich Aurore Dudevant in die Stadt ihrer Sehn-

Aurore Dudevant, die sich ab 1832 George Sand nennt,
in Männerkleidung. Lithographie von Gavarni

ROSE
ET
BLANCHE
ou
la comédienne et la religieuse.
PAR J. SAND.

PARIS,
CHEZ B. RENAULT, ÉDITEUR,
...
LÉGETTE ET POUGIN, QUAI DES AUGUSTINS;
CORBET AINÉ, MÊME QUAI;
PIGOREAU, PLACE S.-GERM.-L'AUXERROIS;
LETAYASSEUR, PALAIS-ROYAL.
1831

sucht, in das von Ideen und Unruhen brodelnde Paris der beginnenden
Juli-Monarchie. Maurice ließ sie in der Obhut des Hauslehrers Jules Boucoiran, Solange in der eines Kindermädchens. Sie suchte sogleich den
Cousin ihrer Freunde Duvernet, den Schriftsteller Hyacinthe-Joseph-
Alexandre Thabaud de Latouche auf, um womöglich bei der von ihm
herausgegebenen satirischen Zeitschrift «Figaro» mitzuarbeiten. Sie
wollte Geld verdienen, um die ihr kärglich erscheinende Rente aufzubes-
sern. De Latouche ließ sie – und später auch Jules Sandeau – in seinem
Redaktionsstab mitarbeiten. In seiner Wohnung hatte jeder einen eigenen kleinen Arbeitstisch. De Latouche belehrte, verbesserte und unterhielt seine Leute durch kleine Satiren – für Aurore eine ideale Schule: sie
lernte und verdiente gleichzeitig etwas Geld.

Sie lebte nun zusammen mit Jules Sandeau in einer Mansardenwoh-
nung und genoß ihre Freiheit. Häufiger Gast war Honoré de Balzac. Aurore ging ins Theater, in Cabarets, literarische Zirkel, republikanische
Clubs, zu Treffen der Saint-Simonisten, besuchte Museen und Cafés. Für
diese Ausgänge nähte sie sich ein Männerkostüm, das praktischer und
billiger war als die damals üblichen Frauenkleider:

*Auf dem Pariser Pflaster befand ich mich wie ein Kahn zwischen Eis-
schollen. Die feinen Schuhe waren in zwei Tagen zerrissen; in Überschuhen
verstand ich nicht zu gehen und wußte nicht, wie ich die Kleider aufnehmen*

sollte; ich war beständig beschmutzt, ermüdet, erkältet und sah Schuhwerk und Kleidungsstücke mit entsetzlicher Geschwindigkeit zugrunde gehen, ganz zu schweigen von den Samthütchen, die von der Dachtraufe ruiniert wurden ... Ich machte mir also einen «Schilderhaus-Überrock» von grobem grauem Tuche und Hosen und Weste von demselben Zeuge. Dazu trug ich einen grauen Hut und eine dicke wollene Halsbinde und sah nun ganz aus wie ein Student im ersten Jahr.

Wie sehr ich mich über die Stiefel freute, vermag ich gar nicht zu sagen; ich wäre gern damit zu Bett gegangen, wie es mein Bruder in seiner Jugend tat, als er das erste Paar bekam. Mit meinen kleinen eisenbeschlagenen Absätzen hatte ich einen sicheren Schritt und lief von einem Ende der Stadt zum anderen; mir war zumute, als könnte ich so die Reise um die Welt beginnen. Meine Kleidung hatte nun nichts mehr zu scheuen; ich konnte bei jedem Wetter, zu jeder Tageszeit ausgehen und in allen Theatern das Parterre besuchen. Niemand beachtete mich oder ahnte meine Verkleidung, weil ich das Kostüm, dessen Einfachheit jeden Verdacht entfernte, mit größter Sicherheit trug.[70]

Da sie schon mit ihren ersten Artikeln Aufsehen erregt hatte, schrieb sie bald mit Jules zusammen einen Roman, der im Dezember 1831 unter dem Pseudonym J. Sand erschien. *Rose et Blanche ou la Comédienne et la Religieuse* – so der Titel – wurde von der Kritik wohlwollend aufgenommen. Aurore benutzte einen Aufenthalt in Nohant, um allein ein zweites Buch zu schreiben. Da einerseits ihre Schwiegermutter nicht wünschte, daß ihr Name (Dudevant) auf dem Umschlag von Büchern erschiene, andererseits Jules Sandeau, der an diesem neuen Roman keinen Anteil hatte, seinen Namen nicht zur Verfügung stellen wollte, der Verleger aber seinerseits meinte, der Name Sand sei beim Publikum gut eingeführt, einigte man sich darauf, nur einen neuen Vornamen hinzuzufügen. *Ich wählte schnell und ohne Bedenken den Namen George, der mir synonym mit «Berrichon» schien.*[71] Damit war George Sand geboren, und mit diesem Männernamen nahm Aurore auch die Angewohnheit an, von sich in der maskulinen Form zu sprechen.

Ihr erster allein verfaßter Roman wurde sogleich ein Erfolg.

Die Romantikerin

Den Roman *Indiana* schrieb George Sand in nur zwei Monaten (Februar/ März 1832) nieder. Die Mühelosigkeit und Schnelligkeit ihrer Arbeitsweise pikierten Jules Sandeau, der ein großer Müßiggänger war. Als es Anfang 1833 zum Bruch zwischen George und Jules kam, schlug sich ihr gemeinsamer Freund, Honoré de Balzac, zunächst auf die Seite Sandeaus, der unter der Trennung litt und sein wundes Herz unverhüllt zur Schau trug. Aber enttäuscht über Jules' «Faulenzerei» und «Gleichgültigkeit»[72] wandte sich der selber schwer arbeitende Balzac bald von ihm ab und George zu. In «La Muse du départemanent» spielte er auf das Liebesabenteuer zwischen George und Jules an. Jules Sandeau brauchte lange für einen Neubeginn. In seinem 1839 erschienenen Roman «Marianna» beschrieb er auf diskrete, aber treffende Weise seine Affäre mit George Sand.

Der Phantasiereichtum und die Leichtigkeit, mit der George Sand *Indiana* und später fast alle ihre Romane schrieb, frappierten nicht nur Sandeau. Als der Schriftsteller Théophile Gautier Jahrzehnte später miterlebte, wie George Sand um ein Uhr nachts einen Roman beendete und sogleich mit dem nächsten begann, fühlte er sich geradezu «angewidert»[73] von diesem maschinenhaften Schreiben. Den kleinen Roman *Der Teufelssumpf* schrieb sie 1846 in nur vier Tagen herunter. Die Schnelligkeit ihres Schreibens darf aber nicht darüber hinwegtäuschen, daß sie schwer arbeitete, wie – so drückte sie es selber aus – ein *armer Esel*, ein *alter Neger*, ein *berrichonnischer Ochse*, ein *Tagelöhner*, ein *Sklave*, ein *Sträfling*[74]. Um ungestört arbeiten zu können, schrieb sie zumeist nachts.

Indiana wurde ein durchschlagender Erfolg. Hyacinthe de Latouche schickte George Sand nach der Lektüre ein Billett mit den Worten: «Ihr Buch ist ein Meisterwerk. Ich habe die Nacht damit zugebracht, es zu lesen, und ich fühle den ganzen Stolz des Freundes ... O mein Kind, wie glücklich bin ich.»[75] Honoré de Balzac, der im Gegensatz zu George Sand erst zehn Bücher schreiben mußte, um bekannt zu werden, schrieb in «La Caricature» über ihr erstes Buch: «Ich kenne nichts, das schlichter geschrieben, köstlicher ersonnen wäre.»[76] Und der gefürchtete, einflußreiche Literaturkritiker Gustave Planche lobte das Buch in der «Revue des Deux Mondes», der damals wohl bedeutendsten Zeitschrift Frankreichs, die von den mittleren und gehobenen Bürgerschichten gelesen wurde: *Indiana*, schrieb George Sand in ihrem Vorwort, *ist ein Typus: die Frau, das schwache Geschöpf, dem es obliegt, die verdrängten oder, wenn Ihnen dies lieber ist, die durch die Gesetze unterdrückten Leidenschaften darzustellen; es ist der Wille im Konflikt mit der Notwendigkeit; die Liebe, die ihre blinde Stirn an allen Widerständen der Gesellschaft wundstößt.*[77]

George Sand erwies sich als eine Spätromantikerin mit sozialkritischen Intentionen. Wie Germaine de Staël in ihren Romanen «Delphine» und

Honoré de Balzac als junger Mann. Tuschzeichnung von Achille Devéria

George Sands Schreibtisch

«Corinne» die Enttäuschung ihres Lebens – kein Wesen gefunden zu haben, das fähig gewesen wäre, sie wirklich zu verstehen – thematisierte, so setzte auch George Sand immer wieder ihre Enttäuschung, daß niemand sie so liebte, wie sie selber liebte bzw. zu lieben wünschte, in Literatur um. Und wie jene wurde auch sie dadurch zu einer Kritik an den Moralgesetzen ihrer Zeit getrieben. Indiana, die Heldin des gleichnamigen Romans, ist die gegen die gesellschaftlichen Konventionen und Normen revoltierende Frau.

Die Kreolin Indiana lebt mit ihrem sehr viel älteren Mann, dem grobschlächtigen Oberst Delmare, und ihrem Vetter Ralph auf dem Land. Sie verliebt sich in einen Nachbarn, Raymon de Ramière, der sie aber wiederholt zurückstößt, obgleich sie seiner Hilfe sehr bedurft hätte. Bei einem Selbstmordversuch wird sie von dem edlen Sir Ralph gerettet. Sie entdecken, daß sie sich lieben. Da Indiana aber die Hoffnung auf ein glückliches Leben aufgegeben hat, macht Ralph den Vorschlag, gemeinsam in den Tod zu gehen. Sie stürzen sich in die Flut. Aus dem Epilog geht hervor, daß sie gerettet wurden und fern von der Gesellschaft in der Einsamkeit der Île de Bourbon leben.

Glück – so die Kritik George Sands – ist in einer Gesellschaft, in der eine Frau die Dienerin ihres Mannes, die *Sklavin* ihres *Herrn* und *Meisters* ist, nicht möglich. Indiana revoltiert gegen die bürgerliche Ehe, weil sie durch diese Besitztum des Mannes wird. Ihr Schicksal ist es, enttäuscht und verzweifelt zu sein. In einem Brief an Émile Regnault[78] schrieb George Sand, daß sie das alltägliche bürgerliche Leben darstellen wollte. In gewisser Weise stellte sie ihr eigenes Leben dar, das typisch war für das vieler Frauen.

Für die exotischen und poetischen Landschaftsschilderungen in ihrem Roman hatte George Sand Aufzeichnungen ihres Freundes Jules Néraud benutzt, der weite Reisen nach Madagaskar und der Île de Bourbon gemacht hatte, und den seine Freunde deswegen den Madegassen nannten. Als Vorbild für Raymon de Ramière diente ihr Aurélien de Sèze, dessen Schwester übrigens Indiana hieß und in dessen Familie der Name Raymon häufig vorkam. Delmare trug einige Züge Casimirs. Sir Ralph, Bruder und Geliebter in einem, stellte jenes Ideal dar, nach dem George Sand ihr ganzes Leben lang suchte, das sie aber nie fand. Solche überhöhten Idealgestalten spielten fortan eine wichtige Rolle. Gleichzeitig zeichnete sich aber schon dieser frühe Roman durch ein hohes Maß an psychologischem Realismus aus.

Bereits sechs Monate nach dem großen Erfolg von *Indiana* erschien der Roman *Valentine*, in dem es ebenfalls um die Überwindung der sittlichen Normen der Zeit ging. Thema waren diesmal die Klassenschranken als ein hoffnungsloses Hindernis zwischen Liebenden. Die Adelige Valentine und ihr sozial tiefer stehender Geliebter, der gebildete Bauer Bénedict, können ihre Liebe nicht im Leben verwirklichen, weil Valentine zu einer standesgemäßen Ehe mit einem Mann gezwungen wird, der es nur auf ihre Mitgift abgesehen hat. Schauplatz des Romangeschehens war hier zum erstenmal die Landschaft des «Berry», das *Vallée noire*, das von da an häufig den Hintergrund ihrer Romane bildete.

Erfolgreich waren diese beiden Erstlinge, weil George Sand Themen behandelte, die von großer Brisanz und Aktualität waren in einer Zeit, in der die Ehe nur selten auf Liebe beruhte und junge Mädchen auf Grund finanzieller Erwägungen oder konventioneller Auffassungen an mehr oder weniger alte Männer verheiratet wurden. Mit subtilem Einfühlungs-

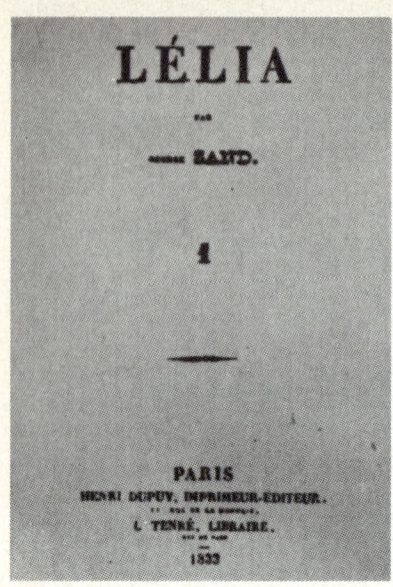

LÉLIA
par
—— SAND.

1

PARIS
HENRI DUPUY, IMPRIMEUR-ÉDITEUR.
L. TENRÉ, LIBRAIRE.
1833

vermögen schilderte sie die Leiden von Frauen und in einer für die damalige Zeit mutigen Weise setzte sie sich mit männlichem Egoismus und der selbstherrlichen Wahrnehmung männlicher Privilegien auseinander. *Indiana* und *Valentine* trugen entscheidend zur Bewußtwerdung der oft bedrückenden Lage der Frau in der damaligen Gesellschaft bei.

Ihr dritter Roman (er erschien im Juli 1833) löste einen Skandal aus, der ungemein zu ihrem Ruhm beitrug und sie endgültig in die Gruppe der gern und vielgelesenen Schriftsteller Frankreichs einreihte.

Lélia – so der Titel – war weniger ein Roman als vielmehr eine Art philosophisches Poem mit stark essayistischen Zügen, eine Abhandlung über moralisch-philosophische Probleme und Haltungen, die durch die handelnden Personen allegorisch dargestellt werden: den wirklichkeitsfernen Poeten Sténio, der Lélia, die Hauptfigur des Romans, hoffnungslos liebt; den ehemaligen Sträfling Trenmor, der seine Verbrechen sühnt und illusionslos nur dem Augenblick lebt; den fanatischen Eremiten Magnus, der aus Enttäuschung seinen Gottesglauben verliert und auch nicht an die Liebe glaubt; die sinnliche Kurtisane Pulchérie; und schließlich die marmorne, intellektuelle, herausfordernde Titelheldin Lélia, die zwar reich an Gefühlen ist, diese aber nicht mitzuteilen weiß. Sténio und Lélia lieben sich, finden aber nicht zueinander. Magnus ist in seinem Haß nicht überzeugend. Einzig der durch Leiden stoisch gewordene Trenmor scheint eine Antwort auf die zentralen Fragen des Buchs gefunden zu haben: wie kann man das Bedürfnis zu glauben und das Verlangen nach Liebe stillen? Am Grabe von Lélia, die der verrückt gewordene Magnus erwürgt hat, und von Sténio, der sich das Leben nahm, sieht er die Lichter zweier Meteore im Schilf schimmern und stellt sich vor, es seien liebende Seelen, die sich suchen. Als sie mit dem aufgehenden Tag erlöschen, weiß er, daß sie ins Reich des Imaginären gehören, daß es gilt, die konkreten Aufgaben des Lebens zu lösen, sich nicht in Schmerz und Reflexionen zu ergehen, sondern in Freundschaft gemeinsam handelnd die Probleme des Alltags zu lösen.

Waren *Indiana* und *Valentine* Hymnen auf die Leidenschaft, so ist *Lélia* ein Hymnus auf die Revolte gegen Gott und die Gesellschaft. George Sand empörte sich gegen die starren und autoritären Vorstellungen der Gesellschaft von Eigentum, Familie und Gott. Lélia, die Hauptfigur des gleichnamigen Romans, die zum ewigen Zweifel verdammt zu sein scheint, stellt jene konventionellen Werte in Frage, die wenige Jahre später von dem französischen Sozialisten Pierre Proudhon als unmoralisch verworfen wurden mit den berühmt gewordenen Worten: «La propriété, c'est le vol, la famille, c'est la prostitution, Dieu, c'est le mal.» (Eigentum ist Diebstahl; die Familie ist Prostitution; Gott ist das Böse.)

Der Skandalerfolg des Buches beruhte aber nicht nur auf der Revolte gegen traditionelle, autoritäre Werte, sondern auch auf der Freimütigkeit und Offenheit, mit der Lélia ihr Unvermögen gesteht, Sinnlichkeit physisch zu erleben. Das Mißverhältnis zwischen Liebesbegehren und Liebeserfüllung zehrt an ihr. Wie Don Juan auf der Suche nach Glück von Frau zu Frau schweift, so irrt Lélia auf der Suche nach sinnlicher Lust von Mann zu Mann – doch keiner vermag ihre Lust zu wecken oder gar zu stillen.

Von Lélia sagte George Sand, mit ihr habe sie sich selber dargestellt. Der Name haftete ihr später wie ein zweites Pseudonym an. Lélia ist schön, sensitiv, aber kalt. Sténio, der junge, in seine idealistische Liebe eingesponnene Dichter (sicherlich eine Verkörperung der sehr jungen, unerfahrenen Aurore von einst, die glühende Liebeserwartungen hegte), vermag Lélias Herz nicht zu rühren. Obgleich sie versucht, zu lieben wie ihre Schwester Pulcheria, die die sinnliche Liebe verkörpert und eine Theoretikerin der freien Liebe ist, führt sie doch nur ein *Leben der Aufopferung und der Entsagung*, weil sie an den Wonnen der Liebe, die sie verschenkt, selber nicht teilhat. Das läßt George Sand Lélia unumwunden ausdrücken:

Der Grund, daß ich ihn lange liebte ... lag in der fieberhaften Gereiztheit, die in meinem Liebesvermögen durch das Fehlen einer persönlichen Befriedigung hervorgerufen wurde. Ich war bei ihm von einer seltsamen und rasenden Gier befallen, die durch keine fleischliche Umarmung gestillt werden konnte. Mir war, als würde meine Brust verzehrt von einem unauslöschlichen Feuer, und seine Küsse brachten mir keine Erleichterung. Ich

Charles-Augustin Sainte-Beuve

preßte ihn mit übermenschlicher Kraft in meine Arme und sank erschöpft, entmutigt an seiner Seite nieder ... Das Begehren war bei mir eine Seelenglut, die die Kraft der Sinne lähmte, bevor sie sie noch erweckt hatte; es war eine wilde Raserei, die sich meines Gehirns bemächtigte und sich ausschließlich darin konzentrierte. Mein Blut wurde eisig, ohnmächtig und dünn während der ungeheuren Anspannung meines Willens ...

Wenn er, zufrieden und gesättigt, eingeschlummert war, lag ich noch immer reglos und bestürzt an seiner Seite. Gar manche Stunden habe ich so damit verbracht, ihn in seinem Schlaf zu betrachten. Wie schön erschien er mir, dieser Mann! ... Die glühenden Fluten meines erregten Blutes stiegen mir ins Gesicht; dann wurden meine Glieder von einem unerträglichen Zittern geschüttelt. Es war mir, als empfände ich den Aufruhr der körperlichen Liebe und die anwachsende Unruhe einer sinnlichen Begierde. Ich war heftig versucht, ihn wachzurütteln, ihn mit meinen Armen zu umfangen und seine Liebkosungen herauszufordern, von denen ich noch nichts gehabt hatte ... Ich widerstand diesem trügerischen Begehren meiner Qual, denn ich wußte recht wohl, daß es nicht in seinem Vermögen stand, sie zu lindern ...

Im Schlafe manchmal, wenn ich jenen wollüstigen Verzückungen ausgeliefert war, von denen asketische Gehirne verzehrt werden, fühlte ich, wie ich mit ihm fortgerissen wurde ... Ich schwamm dann in den Fluten einer unsagbaren Wollust, legte meine schlaffen Arme an seinen Hals und sank, unklare Worte murmelnd, auf seine Brust. Aber er erwachte, und um mein Glück war es geschehen ... Ich fand den Mann wieder, den Mann, der brutal und gierig wie ein Raubtier war, und entfloh voller Abscheu. Aber er verfolgte mich, behauptete, nicht vergebens im Schlafe gestört worden zu sein, und sättigte seine wilde Gier am Körper einer ohnmächtigen und halbtoten Frau ...

Ich träumte von den Umarmungen eines unbekannten Dämons; ich fühlte, wie sein heißer Atem feurig über meine Brust strich, und krallte meine Finger in die Schulter, in dem Glauben, dort den Biß seiner Zähne zu spüren. Ich schrie nach der Lust, sollte sie mir auch ewige Verdammnis einbringen ... [79] Das Verlangen nach *Gefühlserregtheit*, wenn auch nur *für die Dauer einiger Tage*, läßt *Lélia* von einem Mann zum anderen eilen: *In der Phantasie wurde ich nicht nur dem Mann untreu, den ich liebte, sondern jeder anbrechende Morgen sah mich demjenigen untreu, den ich noch am Abend vorher geliebt hatte.* [80]

Charles-Augustin Sainte-Beuve, dem George Sand aus *Lélia* vorgelesen hatte, schrieb ihr anderntags: «Frau sein, noch nicht dreißig Jahre alt, nach außen nichts durchschimmern lassen, auch wenn man solche Abgründe erforscht hat; dieses Wissen ertragen, das uns andern die Schläfen verheeren und die Haare zum Ergrauen bringen würde – es mit Leichtigkeit, Ungezwungenheit und Besonnenheit in der Rede ertragen – das ist es, was ich vor allem bewundere ...» [81] Aber er warnte sie auch: «Das breite Publikum, das im Lesekabinett einen x-beliebigen Roman verlangt, wird sich von diesem hier abschrecken lassen.» [82] Das Buch schreckte weniger ab, es rief einen Skandal hervor. *Lélia*, schrieb der Kritiker Capo de Feuillide, rieche «nach Kot und Prostitution», nach der «Prostitution der Seele und des Körpers».[83] Wegen seines als unmoralisch empfundenen Inhalts erweckte das Buch tiefe Mißbilligung. Es entfachte starke Aggressionen, weil es die Gefahr barg, die Unaufrichtigkeit, die in vielen damaligen Beziehungen zwischen Mann und Frau herrschte, zu entlarven. Aber es gab auch gewichtige positive Stimmen. Der Dichter Alfred de Musset war der Meinung, *Lélia* sei «das wichtigste Werk der neuen Schule»[84]. Sainte-Beuve schrieb an George Sand: «Das ist sehr schön, sehr groß und sehr wahr.» [85] Franz Liszt, der neben Frédéric Chopin berühmteste Komponist und Pianist jener Zeit, begriff George Sand wohl am besten: «Aber Sie sind schwerer zu trösten (als Lara, Manfred, Kain) ... denn Sie haben niemals ein liebendes Herz gefunden, das weiblich genug wäre, um Sie zu lieben, wie jene geliebt wurden.» [86] In der Tat ging es George Sand eigent-

Marie Dorval. Lithographie von Jean Gigoux

lich um nichts anderes als um Gleichheit in der Liebe; sie wollte, daß eine Frau so geliebt würde, wie sie selber liebte.

Trotz vieler wohlwollender Ermunterungen von guten Freunden war George Sand angesichts der negativen Kritiken so verunsichert, daß sie sich nach anfänglichem Weigern von ihrem Verleger François Buloz dazu überreden ließ, das Buch zu bearbeiten, das heißt: Lélias Trauer und Klagen über ihre Frigidität zu streichen. (Die «neue» *Lélia* erschien 1839.)

Die Bedeutung, die sie selbst *Lélia* beimaß, kommt in einem Brief zum Ausdruck, den sie 1834 an den Advokaten und verständnisvollen Freund François Rollinat schrieb. Es ist der vierte von zwölf Briefen, die 1837 unter dem Titel *Lettres d'un voyageur* (*Briefe eines Reisenden*, dt. 1844) in Buchform erschienen. *Dieses so schlechte und doch so gute, so wahre und so falsche, so ernsthafte und zugleich so spöttische Buch ist gewiß das tiefste, das schmerzlichste, welches je ein wahnsinniges Gehirn hervorgebracht hat . . . Diejenigen . . . welche an derselben Qual litten und es als einen von Fieberphantasien, Schluchzen, höhnischem Gelächter und Verwünschun-*

58

gen unterbrochenen Klageschrei anhörten, haben es ganz verstanden und sie lieben es, ohne es gerade zu billigen. Sie denken ganz so, wie ich davon denke: es ist ein sehr gut seziertes, häßliches Krokodil, ein noch blutendes, geöffnetes Herz, ein Gegenstand des Abscheus und des Erbarmens.[87]

Ein *Klageschrei*, ein *blutendes, geöffnetes Herz* – das sind Vokabeln, die an George Sands eigene Situation erinnern. Sie hatte sich von dem jungen und unerfahrenen Jules Sandeau getrennt. Ihr Sohn wurde in einem Internat erzogen, die Tochter nahm George manchmal mit nach Paris. Kurz vor dem Bruch mit Sandeau hatte sie die damals berühmte Schauspielerin Marie Dorval kennengelernt, die vieles von dem verkörperte, was George für sich erstrebte. Marie Dorval war eine leidenschaftliche, sinnenfreudige, zärtliche und sehr natürliche Frau, die von George Sand bewundert und geliebt wurde. Die Zwiegespräche zwischen Lélia und der sanften, erfahrenen Kurtisane Pulcheria gehen auf die Unterhaltungen zwischen Marie Dorval und George Sand zurück. Alfred de Vigny, der damalige Geliebte von Marie Dorval, hatte offen sein Mißfallen über die vertrauten Beziehungen zwischen den beiden Frauen geäußert. In der *Geschichte meines Lebens*[88] setzte George Sand ihrer Freundin ein Denkmal. 1849 starb die Schauspielerin in größter Armut, und Alexandre Dumas père mußte für ihre Begräbnisstätte Geld sammeln, wozu auch Heinrich Heine seinen Anteil beisteuerte, Alfred de Vigny, zu dessen Ruhm sie auf der Bühne nicht unwesentlich beigetragen hatte, hingegen nichts. Wie wenig George Sand dieser sinnlichen und in Liebesdingen weisen Freundin glich, wie unerfahren sie im Grunde war, wurde ihr schmerzlich bewußt, als sie eine Liebesaffäre mit dem ein Jahr älteren Dichter Prosper Mérimée hatte, der ein Frauenheld war. Als sie ihm ihre Freundschaft anbot, antwortete er, er könne «nur unter e i n e r Bedingung lieben»[89]. *Ich glaubte*, schrieb George Sand später an Sainte-Beuve, *er besäße das Geheimnis des Glücks, würde es mich lehren ... und seine verachtungsvolle Unbekümmertheit würde mich von meinen kindischen Empfindlichkeiten heilen.*[90] Sie hoffte, die *Kälte und hassenswerte Rolle*[91] Lélias loszuwerden. *Ich sah an meiner Seite eine zügellose Frau, und sie war sublim* (Marie Dorval); *ich hingegen, streng und fast jungfräulich, war abscheulich in meinem Egoismus und meiner Vereinsamung. Ich versuchte meine Natur zu überwinden, die Enttäuschungen der Vergangenheit zu vergessen.*[92] Das Tête-à-tête wurde ein Fiasko. George Sand erlitt *Qual, Abscheu, Entmutigung.* Sie hatte sich *mit dreißig Jahren so benommen, wie es ein fünfzehnjähriges Mädchen nicht getan hätte*; sie beging *die unglaublichste Dummheit ihres Lebens* und *wurde die Geliebte Prosper Mérimées.*[93] Diese tragische und auch komische Geschichte beichtete sie Sainte-Beuve. Sie war niedergeschlagen und traurig. Aber ihre Enttäuschung richtete sich mehr gegen sie selber als gegen Prosper Mérimée, dem sie lediglich den Vorwurf machte, sie nicht verstanden zu haben: *Wenn Prosper Mérimée mich verstanden hätte, vielleicht hätte er mich geliebt; und hätte er*

Prosper Mérimée. Lithographie von Ducourtioux nach einer
Zeichnung von Rochard, 1853

mich geliebt, dann hätte er mich unterworfen; und wenn ich mich einem
Mann hätte unterwerfen können, würde ich gerettet sein, denn die Freiheit
zehrt an mir und bringt mich um. Aber er kannte mich nicht genügend ...[94]
    George Sand, die sich so sehr für die Rechte von Frauen einsetzte und
eine ganze Reihe feministischer Ziele verfolgte, war also durchaus nicht
emanzipiert im Sinne heutiger Feministinnen, die ein möglichst selbstän-
diges, unabhängiges, selbstbestimmtes Leben zu führen wünschen. Ihr
ungezähmtes Bedürfnis nach Unabhängigkeit ging einher mit einem genauso ausgeprägten Bedürfnis, einem anderen Wesen aufs innigste verbunden zu sein, und sei es durch Unterwerfung. In ihren Romanen tau-
chen immer wieder Frauen auf, die sich bis zur Selbstaufgabe hingeben –
lauter George Sands; und immer wieder Frauen, die nicht bescheiden

warten, bis einer sie erwählt, sondern aktiv und insofern emanzipiert selber wählen – ebenfalls lauter George Sands.

In materieller Hinsicht erreichte sie eine bewundernswerte Selbständigkeit. Die Grundlage dafür bildete zwar die reiche Erbschaft, aber im übrigen sicherte sie sich ihre ökonomische Unabhängigkeit durch harte Arbeit. Sie gehörte – übrigens als einzige Frau – zu den bestbezahlten Schriftstellern ihrer Zeit, aber es gab außer Honoré de Balzac und Alexandre Dumas wohl auch niemanden, der so fleißig gewesen wäre wie sie. Bis ins hohe Alter schrieb sie im Schnitt täglich acht Stunden, und sie wußte – je erfahrener sie wurde, desto besser – ihre Interessen gegenüber ihrem Verleger François Buloz durchzusetzen. Auch in schriftstellerischen Dingen wahrte sie ihre Unabhängigkeit und weigerte sich, die Tendenz ihrer Bücher zugunsten eines von Buloz dem Publikum unterstellten Geschmacks zu ändern. Lieber verzichtete sie auf den Abdruck ihrer Bücher in seiner berühmten Zeitschrift «Revue des Deux Mondes», als daß sie gegen die eigene Überzeugung geschrieben hätte.

Alexandre Dumas père

Nach *Lélia* entstanden die Romane *Leone Leonie* (eindringliche Analysen der psychischen Entwicklung einer unglücklich Verliebten, ein Roman, den George Sand in vierzehn Tagen niederschrieb); *Jacques* (eine Apologie der freien Liebe; zum erstenmal benutzte George Sand hier die Form des Briefromans); *André* (die Geschichte einer unglücklichen Liebe, in der La Châtre, die nahe bei Nohant gelegene Kleinstadt, und seine Bewohner mit ihren Sitten und Intrigen eine wichtige Rolle spielen); *Simon* (ein Roman, der durch den republikanischen Volkstribun Michel de Bourges inspiriert wurde); *Mauprat* (ein Soldatenroman); *Spiridion* (ein Roman ohne Frauen, in dem sich George Sand am ausgiebigsten mit religiösen Problemen auseinandersetzte, bereits 1837 in Nohant begonnen, aber erst 1838 in den Klosterruinen von Valldemosa auf Mallorca vollendet); *Horace* (ein Roman, in dessen Mittelpunkt die Revolution von 1830 und die Aufstände der nachfolgenden Jahre stehen); *Consuelo* (nach Meinung vieler der beste Roman von George Sand, reich an Themen und Figuren, verschlungen und spannend). Dies sind nur einige der zahlreichen Romane aus dem ersten Jahrzehnt ihres Schriftstellerdaseins. In allen zeigt sich ihr Prinzip, Personen und Ideen aus ihrer eigenen Erfahrungswelt, aus den Erzählungen anderer, aus Angelesenem usw. aufzugreifen, weiterzuentwickeln und dann – oft vereinfachend – um eine zentrale Figur zu gruppieren. Die meisten ihrer frühen Romane tragen als Titel lediglich den Namen der Heldin bzw. des Helden.

François Buloz hatte George Sand bereits 1832 nach dem Erfolg von *Indiana* vertraglich an sich gebunden. Er garantierte ihr ein Jahreseinkommen von 4000 Francs. Dafür hatte sie ihm monatlich 32 Seiten für seine Zeitschrift «Revue des Deux Mondes» abzuliefern. Das kam ihr einerseits wie eine Fron vor, andererseits arbeitete sie aber auch leidenschaftlich gern, zumal das Schreiben einen therapeutischen Effekt bei ihr hatte. Die Arbeit, schrieb sie, sei *gut und heilsam*[95] für sie. Angelpunkt ihres Lebens war neben ihren zahlreichen Geliebten mindestens ebensosehr ihre Arbeit. An ihre Tochter Solange, die in einem Brief über ihr physisches und psychisches Unwohlsein geklagt hatte, schrieb sie 1851: *Du brauchtest Arbeit; vielleicht solltest Du dazu gezwungen werden... Die Arbeit bleibt einem immer, wie ein rauher, aber treuer Freund ... ich habe wirklich erst zu leben begonnen an dem Tag, an dem ich für meinen Unterhalt sorgte.*[96] Und in einem anderen Brief an Solange schrieb sie: *Je älter ich werde, desto stärker wird meine Liebe zur Arbeit.*[97]

Nichtstun, bekannte sie in der *Geschichte meines Lebens, war für mich seit frühester Kindheit die schlimmste aller Strapazen.*[98] Sie arbeitete oft bis zur physischen Erschöpfung. Acht Stunden Nachtarbeit waren die Regel, auch wenn sie unter Rheumatismus, Magenkrämpfen, Migränen, Gelbsucht oder fiebrigen Erkrankungen litt, von denen sie ihr ganzes Leben immer wieder heimgesucht wurde. So oft sie mit Manuskriptablieferungen an Buloz in Verzug war und er sie mahnte, schränkte sie ihre Schlaf-

François Buloz.
Karikatur von Maurice Sand

zeit noch weiter ein: *Ich versuche immer, mich mit Hilfe von Kaffee und Zigaretten wachzuhalten, damit ich gegen drei Uhr morgens mein Pensum geschafft habe und die wenigen Briefe, die mir am Herzen liegen, noch schreiben kann. Ich glaube, der Kaffee wirkt inzwischen wie Opium, und der Tabak macht mich unempfindlich...*[99]

Für diese Aufopferung ihrer Nächte wollte sie aber auch angemessen bezahlt werden. Von ihrem Verleger François Buloz forderte sie von Anfang an die Einhaltung der Verträge und pünktliche Zahlung. Unerschrocken sagte sie ihm ihre Meinung: *Wir verstehen uns bestens. Sie wollen bei Véry speisen* (ein Restaurant, das auf Grund seiner Preise nur für Reiche zugänglich war) *... Aber es ist nicht nötig, daß ich die Nächte durcharbeite, damit Sie Trüffeln essen können.*[100] Das schrieb sie 1835, nur drei Jahre nach dem Erscheinen ihres Erstlings *Indiana*.

Die Unmäßigkeit ihrer Arbeit, die sie *mit der Regelmäßigkeit einer Maschine* leistete, war mitverantwortlich für die Entzweiung zwischen ihr und dem Dichter Alfred de Musset, den sie Mitte 1833 bei einem Festessen kennenlernte. Musset war erst zweiundzwanzig, also sechs Jahre jünger als George Sand, und doch schon berühmt. «Er war der Lenz in Person», urteilte Sainte-Beuve, «ein vollkommener Lenz der Poesie, der vor unseren Augen seine Knospen öffnete ... keiner erweckte beim ersten Anblick derart die Vorstellung eines jugendlichen Genies.»[102] Victor Hugo hatte ihn in den literarischen Freundeskreis, den «Cénacle», eingeführt, dem die führenden Künstler der Epoche angehörten und dem

Hugo präsidierte. Musset war der Dichter der Jugend und des Weltschmerzes, jenes Weltschmerzes, der, angeregt durch die Übersetzungen von Goethes «Werther» (zu dessen Neuübersetzung durch Pierre Leroux George Sand 1845 ein Vorwort schrieb) und Byrons «Manfred», zu jener Zeit auch in Paris Mode war. Er war ein Dandy, ein Liebling der Frauen, elegant und schön, leidenschaftlich und ausschweifend, ein Mann, der Opium und Champagner, Freudenmädchen und das Wohlwollen seiner literarischen Freunde gleichermaßen genoß. Aber er war auch sensibel, zärtlich, sanft und geistvoll.

Zunächst war George Sand für ihn der «liebe Herr George Sand ... ein genialer Mann» [103], zu dem er ein kameradschaftliches Verhältnis hatte. Aber schon bald gestand er ihr in einem Brief: «Mein lieber George, ich habe Ihnen etwas Dummes und Lächerliches zu sagen ... Ich bin in Sie verliebt. Ich liebe Sie seit dem ersten Tag, da ich bei Ihnen war ... Tatsache ist, daß ich leide ... Es gibt Tage, an denen ich mich töten möchte, aber ich weine, Tage, an denen ich schallend lache, aber zum Beispiel nicht heute. Leb wohl, George, ich liebe Sie wie ein Kind!» [104]

Wie ein Kind – das war der Schlüssel zu ihrem Herzen. Ihre Freundschaft, Zuneigung oder Liebe zu all ihren Freunden oder Geliebten, die übrigens zumeist jünger waren als sie, war geprägt von mütterlicher Wärme, mütterlicher Fürsorge, mütterlichem Zürnen. In dem 1859 erschienenen Roman *Elle et Lui*, für den sie ihre und Mussets Geschichte als Vorlage benutzte, kam sie noch einmal auf diesen Satz zurück, der sie so sehr rührte. *«Wie ein Kind», wiederholte sie, und preßte den Brief in ihren bebenden Händen. «Er liebt mich wie ein Kind! Mein Gott, was hat er da gesagt? Weiß er denn, was er mir antut?» ... Sie zerfloß in Tränen.* [105]

Mit dem Geständnis Mussets fing eine Liebesbeziehung an, die als «Liebesdrama von Venedig» in die Literaturgeschichte einging. An Sainte-Beuve, den Freund und Beichtvater, schrieb George Sand: *Ich habe mich verliebt und dieses Mal sehr ernstlich in Alfred de Musset. Es ist dies nicht mehr eine Laune, es ist ein tief empfundenes Gefühl ... P(rosper) M(érimée) hat mich zurückgestoßen, ich mußte schnell darüber hinwegkommen; diesmal aber finde ich eine Aufrichtigkeit, eine Loyalität, eine Zärtlichkeit, die mich trunken machen. Es ist die Liebe eines jungen Mannes und gleichzeitig eine kameradschaftliche Freundschaft. Es ist etwas, wovon ich keine Vorstellung hatte ... Ich habe diese Zuneigung nicht wahrhaben wollen, habe sie verdrängt, habe sie zunächst abgewiesen ... Ich habe mich mehr aus Freundschaft ergeben als aus Liebe, und die Liebe, die ich nicht kannte, hat sich mir ohne eine jener Qualen offenbart, die ich hinnehmen zu müssen glaubte. Ich bin glücklich ...* [106]

Alfred de Musset zog in ihre Wohnung am Quai Malaquais. Sie liebten sich leidenschaftlich. Doch zukünftige Zwistigkeiten kündigten sich schon in den Worten Mussets an: «Ich habe den ganzen Tag gearbeitet. Am Abend hatte ich zehn Verse gemacht und eine Flasche Schnaps getrunken;

Alfred de Musset. Lithographie von Gavarni

Das Grand Hotel Danieli in Venedig

sie hatte ein Liter Milch getrunken und ein halbes Buch geschrieben.»[107]

Am 12. Dezember 1833 starteten sie eine gemeinsame Reise nach Venedig. Von Lyon bis Avignon fuhren sie die Rhône hinunter in Gesellschaft des damals noch nicht berühmten Schriftstellers Henri Beyle, der sich nach dem Geburtsort des von ihm verehrten Johann Joachim Winckelmann Stendhal nannte. Bald schon wurde George Sand klar, daß sich diese Liebesreise nicht mit ihrem Arbeitsrhythmus vertrug. Musset warf ihr Kälte vor, weil sie ihr tägliches Arbeitspensum zu bewältigen suchte. Während sie schrieb, tröstete er sich mit Prostituierten und Alkohol und wurde schließlich in Venedig schwer krank. Pietro Pagello, der Arzt, der den fiebernden und delirierenden Musset gemeinsam mit George Sand pflegte, verliebte sich in sie. Während er zu schüchtern und anständig war, um das zu tun, was er gern getan hätte, nämlich ihr offen seine Liebe zu gestehen, kam sie ihm während einer ihrer gemeinsamen Nachtwachen am Bett Mussets zu Hilfe, indem sie ihm einen Liebesbrief schrieb – einen später vielzitierten Liebesbrief, dessen Liebeserklärungen aus atemlos aneinandergereihten Fragen bestehen:

Wirst Du mir eine Stütze oder ein Geliebter sein? Wirst Du mich über die Leiden hinwegtrösten, die ich erduldet habe, bevor ich Dich kennenlernte? Wirst Du wissen, warum ich traurig bin? Kennst Du Mitgefühl, Geduld, Freundschaft? Vielleicht hat man Dich in der Überzeugung erzogen, daß Frauen keine Seele haben. Weißt Du, daß sie eine haben? ...

Werde ich Deine Gefährtin oder Deine Sklavin sein? Begehrst Du mich, oder liebst Du mich? Wirst Du mir Dank wissen, wenn Deine Leidenschaft befriedigt ist? Wirst Du mir sagen, wenn ich Dich glücklich mache? ... [108]

Ende Februar 1834 wurde George Sand Pagellos Geliebte. Das Dreiecksverhältnis wurde dadurch aufgelöst, daß Musset Ende März allein nach Paris zurückfuhr: traurig darüber, eine Geliebte zu verlieren, die er von neuem liebte, und auch froh, daß er es schaffte, George und Pagello allein zurückzulassen. George Sand zog zu Pagello und schrieb den Roman *Jacques*, für den sie etwa zwei Monate brauchte, bei sieben- bis achtstündiger Arbeit pro Tag. Zuvor hatte sie bereits die Romane *Leone Leonie* und *André* sowie die ersten *Briefe eines Reisenden* geschrieben.

Obgleich George Sand von Pietro Pagello geliebt wurde, galt ihre Sehnsucht doch Alfred de Musset. *Adieu, adieu, mein Engel*, beendete sie

Pietro Pagello

George Sand. Gemälde von Delacroix, um 1835

nur wenige Tage nach seiner Abfahrt einen Brief an ihn, *adieu, mein Vögelein. Behalt Deinen armen alten George immer lieb.*[109]

Musset versuchte sich von seiner geradezu rasenden Leidenschaft für George mit literarischen Mitteln zu befreien. Er schrieb ihr: «Ich will einen Roman schreiben. Ich habe große Lust dazu, unsere Geschichte aufzuschreiben. Ich glaube, das würde mich heilen und mein Selbstgefühl heben. Ich würde Dir einen Altar errichten, und sei es mit meinen Knochen ...»[110] «Die Nachwelt wird unsere Namen im Munde führen wie die jener unsterblichen Liebespaare, die man mit einem einzigen Namen benennt, wie Romeo und Julia, wie Héloïse und Abaelard. Niemals wird man von dem einen sprechen, ohne auch den anderen zu erwähnen ...»[111]

Als George Sand im August 1834 mit Pagello in Paris ankam, versöhnte sie sich mit Alfred de Musset. Neue Trennungen, leidenschaftliche Auseinandersetzungen und gegenseitiges Quälen folgten. Sie glichen, heißt es in André Maurois' einfühlsamer Sand-Biographie, «jenen Ringkämpfern, die sich aneinanderklammern, gebadet in Schweiß und Blut, und durch die Zuschauer nicht getrennt werden können»[112].

In einer verzweifelten Stunde schnitt George ihr prächtiges Haar ab und schickte es Musset. Mit sorgenumwölkter Stirn und traurigem Blick ließ sie sich so von Eugène Delacroix malen. Sowohl Musset als auch George Sand litten unter Mussets krankhafter, nachtragender Eifersucht. In dem Roman «Confession d'un enfant du siècle» [Bekenntnisse eines Kindes seiner Zeit], dessen Inhalt die Geschichte ihrer Liebe bildet und der in vielen Einzelheiten auf George Sands Romane anspielt, beschrieb er sehr konkret und dicht den Schrecken, den ihm eine aus Liebe geborene Eifersucht einflößte:

«Ich saß bei Tisch, wo ich nach einem Maskenball an einem großen Bankett teilnahm ... Meine Geliebte hatte mir für die Nacht ein Stelldichein bewilligt, und langsam führte ich mein Glas an meine Lippen, wobei ich sie anschaute. Als ich mich nach einem Teller umdrehte, fiel zufällig meine Gabel zu Boden. Um sie aufzuheben, bückte ich mich und da ich sie nicht sofort fand, hob ich das Tischtuch hoch, um zu sehen, wohin sie gefallen war. Da bemerkte ich unter dem Tisch den Fuß meiner Geliebten auf dem eines jungen Mannes neben ihr; ihre Beine waren gekreuzt und ineinandergeschlungen, und von Zeit zu Zeit preßten sie sie sanft gegeneinander ...

Ich war wie vor den Kopf geschlagen ... Ich hatte das Gefühl, als hätte mich ein Keulenschlag betäubt ...»[113]

Über ihre aufwühlende, überwiegend schmerzliche Liebe berichtete George Sand erst nach Mussets frühem Tod (1857) in dem autobiographischen Roman *Elle et Lui* [Sie und Er]. Die Heldin, Thérèse Jacques, spielt eine unglaubwürdig hehre Rolle. Sie gibt sich ihrem Geliebten Laurent nur aus Mitleid hin. Diese Darstellung fand Paul de Musset, Alfreds Bruder, so unzutreffend, daß er eine sehr parteiische Biographie seines Bruders mit dem Titel «Lui et Elle» [Er und Sie] verfaßte. Louise Colet, eine ehemalige Geliebte Alfred de Mussets, nahm beide Bücher zum Anlaß, den Roman «Lui» zu schreiben, «ein von Haß überströmendes Pamphlet»[114]. 1860 erschien «Eux, Drame contemporain en un acte et en prose par moi» [Sie, Zeitgenössisches Drama in einem Akt und in Prosa von mir], dessen Verfasser anonym blieb.[115] Bis zur Groteske gesteigert wurde so die Eigenart vieler französischer Romanciers des 19. Jahrhunderts, eigene Erlebnisse literarisch zu verarbeiten und Freunde und Bekannte als Vorbilder für Romanfiguren zu verwenden.

Als George Sand und Alfred de Musset abwechselnd verrückt zu werden glaubten, als die gegenseitigen Kränkungen und Quälereien zunahmen, als George Sand schließlich nicht mehr schreiben konnte[116], was ihr noch nie passiert war, begriff sie endlich – gut beraten von Sainte-Beuve –, daß diesem Aufruhr der Leidenschaften ein Ende gemacht werden mußte. Unter dem Vorwand, ihrer kranken Mutter beistehen zu müssen, verließ sie Musset, reiste nach Nohant und begann gleich in der ersten Nacht mit der Arbeit an einem neuen Roman. Immer wieder war Nohant für

*George Sand mit Zigarre. Karikatur
aus dem «Journal des Ridicules», 1839*

George Sand, Pfeife rauchend. Zeichnung von Alfred de Musset, 1833

George Sand ein sicherer Zufluchtsort nach schmerzlichen persönlichen und politischen Ereignissen: 1832 nach dem Bruch mit Sandeau, 1834 nach der Trennung von Musset, 1847 nach dem Weggang Chopins, 1848 nach der Niederschlagung der Revolution, 1851 nach dem Staatsstreich Louis-Napoléons. Nohant war ihr großes Zuhause: hier konnte sie träumen, hier genoß sie die *von Melancholie durchtränkte Natur*[117], hier konnte sie reiten und schwimmen. Vollständig bekleidet stieg sie in den Indre, legte sich in den Sand und ließ sich, eine Zigarre rauchend, von der Sonne trocknen.

Briefe eines Reisenden

In Nohant widmete sich George Sand ganz der Erziehung ihrer Kinder und der Schriftstellerei. Für die Liebe, schrieb sie an Sainte-Beuve, ob *zärtlich und dauerhaft* oder *blind und stürmisch*, sei sie *zu alt*.[118] Da es zwischen den Ehepartnern ständig zu neuen Auseinandersetzungen kam, einigten sie sich vertraglich, daß Casimir das Hôtel de Narbonne in Paris übernehmen sollte, das 6700 Francs Miete einbrachte, während George Sand selber das Landgut in Nohant verwalten wollte. Kaum war der Vertrag unterschrieben, wünschte Casimir doch in Nohant zu bleiben. Einer der Freunde George Sands aus La Châtre, der Richter Alexis Pouradier-Duteil, riet ihr, den berühmten Anwalt Louis Chrysostome Michel aus Bourges um Rat zu fragen. Michel de Bourges, wie er genannt wurde, war leidenschaftlicher Republikaner und einer der Führer der Opposition gegen das Regime Louis-Philippes und seine Politik der rechten Mitte (juste milieu). Die meisten Freunde George Sands standen auf republikanischer Seite und bekämpften Korruption und Machtmißbrauch. Der König, hohe Finanzmänner, die Minister, kurz die herrschenden Kreise, wirtschafteten sich selber in die Tasche und reagierten auf die zahlreichen Aufstände der französischen Arbeiter mit immer einschneidenderen Beschränkungen der Vereins- und Pressefreiheit. Im Mai 1835 verteidigte Michel de Bourges im sogenannten Monsterprozeß 2600 Angeklagte, die an einem Aufstand im April desselben Jahres teilgenommen hatten. Gemeinsam mit ihren republikanisch gesinnten Freunden begleitete ihn George Sand und begeisterte sich für diesen Volkstribun.

Als sie die Streitigkeiten mit ihrem Mann gerichtlich klären ließ, gewann sie den Prozeß in La Châtre. Casimir legte Berufung ein. Das Wiederaufnahmeverfahren, das darüber entscheiden sollte, wer von ihnen beiden auf dem Landgut Nohant wohnen dürfe und wer das Sorgerecht für die Kinder haben solle, fand in Bourges statt. George Sand ließ sich von Michel de Bourges verteidigen, der sehr beredt das Bild einer ehrbaren Frau ohne Fehl und Tadel zeichnete, die unter einem gewalttätigen Ehemann zu leiden hatte, der Kammerzofen schwängerte und ein Trunkenbold war. Die Richter sprachen George Sand das Recht zu, auf ihr Landgut nach Nohant zurückzukehren. Sie hatte bis dahin monatelang bei Freunden gewohnt. Ihr Mann wurde verpflichtet, getrennt von seiner

Die Kinder von George Sand: Solange und Maurice Dudevant.
Zeichnung von Nancy Mérienne

Frau zu leben (eine Ehescheidung im heutigen Sinne gab es damals nicht).
Bis zu seinem Tod im Jahre 1871 lebte Casimir Dudevant in seinem durch
Erbschaft erworbenen Haus in Guillery und erhielt von Aurore eine jähr-
liche Rente. Obgleich George Sand selten ohne eine gewisse Ironie oder
Verachtung von ihrem Mann sprach, unterstützte sie doch immer wieder
den Wunsch ihrer Kinder, den Vater zu besuchen.

Michel de Bourges, inzwischen George Sands Geliebter – zum erstenmal einer, der ihre Bedürfnisse nach physischer Befriedigung stillte, wie
sie ihm in zahlreichen Briefen gestand –, trachtete danach, aus ihr ein
Sprachrohr seiner politischen Ansichten zu machen. Er war ein Anhänger
des berühmten Revolutionärs François-Noël Babeuf, der 1797 hingerich-
tet worden war, weil er einen Aufstand («Verschwörung der Gleichen»)

Nohant. Holzstich um 1870

gegen das Direktorium geplant hatte. Wie Babeuf war Michel ein Befür-
worter der vollständigen Gleichheit. Privilegien, Standesunterschiede,
Besitztümer sollten abgeschafft werden. Arme und Reiche gäbe es dann
nicht mehr. Alle würden gleich viel besitzen, gleich viel arbeiten, sich
gleich viele Vergnügungen leisten können. George Sand, die sich später
(1848) als Kommunistin bezeichnete, hatte aber nicht nur als Schloßher-
rin, die ihren Besitz sehr wohl zu verwalten wußte, Einwände gegen Michels Theorie; was sie abschreckte war vor allem, daß der Ungleichheit
durch Gewalt ein Ende gemacht werden sollte. In ihrer Lebensgeschichte
schilderte sie, wie sie mit ihren Freunden Gabriel Planet, einem Advokaten aus La Châtre, und Michel de Bourges durch das nächtliche Paris zog.
Während sie den fernen Klängen eines Orchesters lauschte und beim Anblick des sich sanft spiegelnden Mondscheins und des Lichterspiels eines
königlichen Festes im Wasser ins Träumen kam, schlug Éverard – wie
George Sand Michel de Bourges nannte – mit seinem Stock gegen das
Geländer einer Brücke und rief: *«Ich aber sage euch, um eure korrumpier-
te Gesellschaft zu verjüngen und zu erneuern, muß das Wasser dieses schönen Flusses rot sein von Blut, muß dieser verfluchte Palast in Schutt gelegt
und diese große Stadt, über die eure Blicke schweifen, zu einem nackten
Gestade werden, auf dem die Familie des Armen den Pflug führen und ihre
Hütte bauen wird!»* [119]

Obgleich George Sand gegen Michels Plädoyers für die Gewalt heftig protestierte, obgleich sie sich gegen seine geistige Tyrannei auflehnte und nicht bereit war, ihre Schreibkraft in den Dienst seiner Ideologie zu stellen, liebte sie ihn stürmisch und leidenschaftlich, wie die vielen Briefe an ihn bezeugen, die zum Teil so lang waren, daß sie fürchtete, er werde sie nicht zu Ende lesen. *Wir suchten nicht die Liebe*, schrieb sie ihm im März 1837, *als das Schicksal uns zueinander trieb. Die Leidenschaft nahm von uns Besitz. Es gab kein Sträuben, keine Überlegung ... Mit Tränen nahm ich Deine ersten Liebkosungen entgegen ... Als mir von meinem Panzer Stück für Stück abgerissen und all meine Kraft zerbrochen wurde, als alle Fibern meines Seins bloßgelegt unter Deiner Hand erbebten, wurde meine Zuneigung so stark und so tief, daß ich mir im Leben kein anderes Ziel vorstellen konnte, als das gemeinsame Leben mit Dir ...*[120]

Michel allerdings antwortete ihr häufig nicht, entzog sich ihren Bitten um ein Zusammentreffen, war egoistisch und gab ihr auch noch Grund zur Eifersucht. Wenn er sich gelegentlich zu einem Treffen bereit erklär-

Michel de Bourges

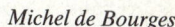

George Sand. Lithographie nach einer Zeichnung, die der Pariser Kupferstecher Luigi Calamatta nach dem Gemälde von Delacroix anfertigte

te, wobei George ihm auf halber Strecke entgegenritt, war sie überglücklich: *Teurer Engel meines Lebens, ich bin glücklich, wenn Du mich liebst. Ich kann Dir heute abend nichts anderes sagen. Ich falle um vor Müdigkeit. Ich habe zu Pferde sieben Meilen in zwei Stunden zurückgelegt. Mein Kind habe ich gesund vorgefunden, L(iszt) und Frau d'A(goult) sind eingetroffen. Ich bin wie zerschlagen. Nicht so sehr von dem hastigen Ritt. Aber welch süße Erschlaffung! Und welch friedliche Schläfrigkeit lastet auf meinen Augenlidern! Ist es wirklich wahr, daß Du mich liebst wie ehemals? ... Adieu. Sei ewig mein, so wie ich Dein bin. Laß noch einige Male die Stunden unserer Trunkenheit und unserer Wonne durch Dein Gedächtnis ziehen ... Schreib mir ... Hab mich lieb ...*[121]

Aber während sie noch um Liebe bettelte und um ein weiteres Zusammentreffen flehte, grollte sie ihm bereits im geheimen und ging mit sich ins Gericht:

Du bildest dir ein, Piffoël[122]*, daß man zum Gegenstand seiner Liebe sagen könne: «Du bist ein mir ähnliches Wesen; ich habe dich unter allen Menschen erwählt, weil ich dich für den größten und besten hielt ... Mir scheint, du hast Fehler, ich liebe meine Leiden; deine Untugenden ziehe ich den Qualitäten anderer vor ... Mein Leben, mein Denken, meine Überzeugung und mein Handeln – alles habe ich dir untergeordnet ...» Nein. Nein, Piffoël, Doktor der Psychologie, du bist nichts weiter als ein Dummkopf. Das ist nicht die Sprache, die der Mann hören will. Er verachtet die Aufopferung völlig ...*

Die Frau hat nur ein Mittel, sich ihr Joch zu erleichtern und sich ihren Tyrannen zu bewahren, wenn er ihr unentbehrlich ist. Sie muß ihn in gemeiner Weise umschmeicheln. Ihre Unterwerfung, ihre Treue, ihre Ergebenheit und Fürsorge haben keinen Wert in den Augen des Mannes ... Sie muß sich ihm schon zu Füßen werfen und ihm sagen: Du bist groß, erhaben, unvergleichlich. Du bist vollkommener als Gott ...

Mein lieber Piffoël, vernimm also die Weisheit des Lebens, und wenn du es dir einfallen läßt, einen Roman zu schreiben, so versuche, das menschliche Herz etwas besser kennenzulernen. Nimm dir niemals eine starke uneigennützige, mutige und aufrichtige Seele zu einem Frauenideal. Die Leser werden sie auspfeifen und mit dem häßlichen Namen Lélia, die Unfähige begrüßen. Unfähig! Ja, zum Kuckuck, unfähig zur Unterwürfigkeit, unfähig zur Kriecherei, unfähig zur Gemeinheit ...[123]

In der Verschwiegenheit ihres Tagebuchs las George Sand sich also die Leviten. Sie spürte sehr wohl, daß sie ihre Selbständigkeit, ihren Stolz, ihre freie Art zu lieben bei Michel de Bourges aufgeben müßte. Denn Liebe und zwischenmenschliche Beziehungen spielten für ihn nur eine Nebenrolle; er schmeichelte den Frauen zwar, aber er verachtete sie auch als Minderwertige. Das Zwiegespräch zwischen den beiden Seelen in ihrer Brust, zwischen dem Doktor Piffoël und George Sand, führte dazu, daß sie sich gleichsam selber zurechtwies und am eigenen Zopf aus dem Sumpf zog. Sie bettelte nicht mehr um seine Liebe, sie ließ Michel Michel sein und wandte sich ernsteren Dingen zu.

1837 wurden die (zwischen 1834 und 1836 geschriebenen) zwölf *Briefe eines Reisenden* in Buchform veröffentlicht. Mit hinreißender Begeisterung und Spontaneität (die den postum erschienenen *Nouvelles lettres d'un voyageur* fehlen) gibt sie darin Reiseeindrücke von Venedig und der Schweiz wider, aber auch Porträts ihrer Freunde, philosophische Überlegungen, Bekenntnisse und Rechtfertigungen gegenüber übelwollenden und ungerechten Kritikern ihrer Bücher. Die *Briefe* sind teilweise – was bei George Sand nicht eben häufig vorkommt – voller Humor und Komik.

Gerichtet sind sie an Alfred de Musset, an die treuen Freunde François Rollinat und Jules Néraud, an Michel de Bourges, dem gegenüber sie die

Maurice Dudevant 1837, Zeichnung von Luigi Calamatta

Gedankenfreiheit und Unabhängigkeit des Künstlers verteidigt, an den Klaviervirtuosen Franz Liszt und den Opernkomponisten Giacomo Meyerbeer, an den Kritiker Désiré Nisard und verschiedene Freunde. Liszt schrieb ihr nach Erscheinen des fünften Briefs – dem *Lettre d'un oncle*, in dem sie sich als «alter Onkel» an Rollinat wendet – in der «Revue des Deux Mondes»: «Schreiben Sie uns weitere Briefe eines Onkels; er war so gut, so tief empfunden ...»[124] Er fand die Briefe «bewundernswert», und Marie d'Agoult schrieb an George Sand, sie fügten «Ihrer Schriftstellerinnenkrone einen Diamanten»[125] hinzu.

Musset, an den nach der Trennung in Venedig der erste Brief gerichtet war, schrieb ihr: «Nie zuvor hast Du etwas so Schönes, so Göttliches geschrieben, nie zuvor hat sich Dein Genie besser in Deinem Herzen aufgefunden.»[126] Der italienische Revolutionär Giuseppe Mazzini las das Buch nach einer schweren Krise in seinem Leben. Es tröstete und ermutigte ihn. 1847 schrieb er ihr: «Ich sagte mir, es wäre Feigheit, vor dem Sturm zurückzuweichen, wenn eine so begnadete und so unverstandene Seele wie die Ihre dasselbe Unglück zu erleiden hätte und sich durch das Leiden läuterte.»[127]

Im zehnten Brief, der an den mit ihr befreundeten und in sie verliebten Schweizer Schriftsteller Charles Didier, genannt Herbert, gerichtet war, schilderte sie in amüsanter Weise Eindrücke einer Schweizer Reise, die sie im September 1836 unternahm – gemeinsam mit ihren Kindern Solange und Maurice, mit der Gräfin d'Agoult und deren Geliebten Franz Liszt, die «Fellows» genannt, sowie dem Genfer Schriftsteller Adolphe Pictet[128], dem «Major», und Herrmann Cohen, einem Schüler Liszts, «Puzzi» genannt. George Sand mit ihren Kindern hatte sich folgendermaßen in das Gästebuch des Hotels in Chamonix eingetragen:

Name des Reisenden: Familie Piffoël
Wohnort: Die Natur
Zugereist von: Gott
Nächstes Reiseziel: Der Himmel
Geburtsort: Europa
Beruf: Bummler
Datum der Ausstellung: Ständig
Ausstellende Behörde: Die öffentliche Meinung[129]

Dem Wirt eines Hotels in Chamonix, den sie fragte, ob Franz Liszt bei ihm abgestiegen sei, gab sie folgende Beschreibung des Musikers: *Zu enge Bluse, langes unordentliches Haar, eingedrückter Strohhut, wie ein Strick zusammengedrehte Krawatte, für den Augenblick hinkend und gewöhnlich das «Dies irae» mit angenehmem Wesen trillernd.*[131] Der Wirt, der sie wegen ihrer Männerkleidung für einen «Herrn» hielt, sagte, sie solle nur auf Zimmer Nr. 13 gehen. Da werde sie den Gesuchten finden. Die «Dame» – damit meinte er Marie d'Agoult, «Arabella» genannt – sei müde, aber das «junge Mädchen» – damit meinte er Herrmann Cohen, Puzzi, sei guter Dinge.

Das sind sie nicht, dachte ich; doch was tut's? Ich eile nach Nr. 13, entschlossen, mich dem ersten besten Engländer an den Hals zu werfen, der mir in die Hände kommt. Ich war so beschmutzt, daß es ein köstlicher Spaß für einen Reisediener gewesen wäre.

Der erste Gegenstand, der unter meine Füße fällt, ist das von dem Wirte sogenannte junge Mädchen. Es ist Puzzi, der auf einem Nachtsacke reitet, und so verändert, so groß geworden, den Kopf mit so langen, braunen Haaren bedeckt, und in eine so weibliche Bluse gehüllt, daß ich nicht weiß, was ich davon denken soll; und da ich den kleinen Herrmann nicht mehr erkenne, nehme ich vor ihm den Hut ab und sage: Schöner Page, sagt mir, wo ist Lara?

Aus der Tiefe einer englischen Capote erhebt sich bei diesem Worte das blonde Haupt Arabellas; während ich zu ihr eile, fällt mir Franz um den Hals, stößt Puzzi einen Schrei der Überraschung aus, und wir bilden eine unentwirrbare Gruppe von Umarmungen, während das Mädchen des Gasthofs, erstaunt zu sehen, daß ein so schmutziger Junge, den sie bisher für einen Jockey gehalten, eine so hübsche Dame wie Arabella umarmt, das Licht fallen läßt und im ganzen Haus erzählt, Nr. 13 sei von einer Truppe geheimnisvoller, rätselhafter, dichtbehaarter Menschen besetzt, wo man nicht mehr sehen könnte, was Mann oder Frau, Diener oder Herr sei. – Komödianten! sagt ernst der Küchenmeister mit verächtlicher Miene, und so sind wir denn bezeichnet, verachtet und verabscheut. Die englischen Damen, denen wir auf den Korridoren begegnen, lassen ihren Schleier über ihr züchtiges Gesicht herab, und ihre majestätischen Gatten verabreden untereinander, von uns während des Abendessens gegen eine anständige Kollekte eine kleine Probe unserer Kunst zu verlangen.[132]

Nach dieser gelungenen Reise besuchten Franz Liszt und Marie d'Agoult George Sand in Nohant und blieben einige Monate des Jahres 1834 bei ihr. Franz Liszt, der «Herrn George Sand» ein «Phantastisches Rondo» gewidmet hatte, spielte häufig Klavier, während George in ihrem Zimmer schrieb, unter anderem folgende Worte in ihr Tagebuch:

Das Zimmer Arabellas liegt im Erdgeschoß unter dem meinen. Dort steht Franzens schöner Flügel unter dem Fenster mit dem grünen Vorhang der Linden, das Fenster, aus dem diese Klänge hervorkommen, die die ganze Welt vernehmen möchte und die hier nur die Nachtigallen eifersüchtig machen. Gewaltiger Künstler, sublim in den großen Dingen, stets überlegen in den kleinen. Dennoch traurig und gequält von einer geheimen Wunde. Glücklicher Mann, geliebt von einer schönen, edelmütigen, intelligenten und keuschen Frau. Was brauchst du noch, elender Undankbarer? Ach, würde auch ich so geliebt![133]

Bei dem letzten Satz dachte sie an Michel de Bourges, der sich ihr versagte. Obgleich alle drei das Zusammensein sehr genossen – es wurde immer wieder durch kurzweilige Besuche von Freunden unterbrochen, so von dem Schauspieler Bocage (eigentlich Pierre-François Touzé) aus Paris, von François Rollinat, Charles Didier, dem jungen Dramatiker Félicien Mallefille usw. –, bemerkte George Sand schon bald, daß die Liebe zwischen Marie d'Agoult und Franz Liszt nicht beständig war. Die Gräfin d'Agoult[134], die Liszts wegen ihren Salon, ihren Mann und ihre beiden Töchter verlassen hatte und die zusammen mit Liszt drei Kinder – Blandine, Cosima[135] und Daniel – haben sollte, galt als schön, aber auch kalt. Liszt, dessen Liebe allmählich «trostlosen Bildern einer völligen Entzauberung»[136] wich, fühlte bald nur noch eine Art Pflichtverbundenheit ihr gegenüber. Auch George Sands schwärmerische Zuneigung für Marie erlosch schon bald wegen des distanzierten, kühlen Wesens der «Prinzessin», wie sie genannt wurde. Hinzu kam, daß beide in ihrem Charakter sehr verschieden waren. Marie war stolz auf ihre adeligen Vorfahren,

Gräfin Marie d'Agoult.
Radierung nach einem
Medaillon von L. Flameng

Franz Liszt.
Lithographie von
Kriehuber, 1838

George Sand. Gemälde von Auguste Charpentier

liebte kostbare Kleider und verkehrte gern in Salons. George Sand rühmte sich, einen armen Großvater zu haben, der Vogelhändler gewesen war. Sie liebte einfache, bequeme Kleidung und hielt sich gern im Freien, in der Natur auf. Das waren gewiß auch Reaktionen auf ihre Erziehung durch die Großmutter, die nur zweimal in ihrem Leben einen längeren Gang zu Fuß gemacht hatte und die anzukleiden und zurechtzumachen die Dienstmädchen oft zwei Stunden gebraucht hatten.

Als im Februar 1838 Honoré de Balzac sie in Nohant besuchte, berichtete ihm George Sand ausführlich über die Erlebnisse mit Liszt und seiner

Geliebten. Sie erzählte ihm, daß Marie d'Agoult bei Liszt gern die Rolle eingenommen hätte, die Béatrice für Dante gespielt hatte.[137]

An seine Geliebte, die Polin Eve Hanska, «die Fremde», schrieb Balzac:

«Ich kam abends auf Schloß Nohant am Karsamstag gegen siebeneinhalb Uhr abends an und traf den Kameraden George Sand im Schlafrock in einem immens großen, einsamen Zimmer am Kaminfeuer sitzend, wie sie nach Tisch ihre Zigarre rauchte. Sie hatte sehr hübsche, gelbe Pantof-

George Sand. Lithographie von Lassalle nach Auguste Charpentier

fel mit Fransen an, kokette Strümpfe und eine rote Hose. Soweit das Moralische. Was das Physische betrifft, so hatte sie ihr Kinn verdoppelt wie ein Kanonikus. Sie hat kein einziges weißes Haar, trotz des schrecklichen Unglücks, das sie durchgemacht hat. Ihr bräunlicher Teint hat sich nicht verändert, und ihre schönen Augen sind noch ebenso strahlend und feurig; sie sieht noch gerade so dumm aus, wenn sie nachdenkt; denn, wie ich es ihr, nachdem ich sie studiert hatte, auch sagte, ihr ganzer Ausdruck liegt in den Augen. Sie ist seit einem Jahr in Nohant, und obwohl sie sehr niedergeschlagen ist, arbeitet sie doch enorm viel ...

In bezug auf Liszt und Frau d'Agoult hat sie mir das Sujet für die ‹Galeerensklaven der Liebe› gegeben, die ich schreiben werde, denn in ihrer Lage kann sie selbst es nicht. Hüten Sie nur ja dieses Geheimnis ...»[138]

Statt «Galeerensklaven», ein Titelvorschlag von George Sand, hieß Balzacs Roman dann «Béatrix». Er enthielt ein schmeichelhaftes Porträt von George Sand (in der Doppelrolle Camille Maupin und Félicité des Touches), ein grausames, «nur zu gut getroffenes» – wie Balzac später an die Gräfin Hanska in Rußland schrieb – von Marie d'Agoult. Conti sei «ein Sandeau in der Musik», also nicht Franz Liszt.[139] Von Béatrix de

Nohant, Ansicht von Süden

George Sand. Stich nach einer Zeichnung von Calamatta

Rochefide alias Marie d'Agoult heißt es in dem Roman zu Beginn, sie sei «schmal und gerade wie eine Kerze und weiß wie eine Hostie», später: sie sei «trocken wie ihre Knochen, unausgeglichen wie ihr Teint, spitz wie ihre Stimme», und zum Schluß: «Sie ist das Muster einer eitlen, willenlosen und aus Ruhmsucht koketten Natur. Sie ist eine Frau ohne Herz und ohne Kopf, die nur auf bösen Pfaden kühn sein kann.» [140] Félicité des Touches alias George Sand hingegen wird folgendermaßen beschrieben: «Sie hat den bei Licht weißen und am Tag olivfarbenen Teint schöner Italienerinnen: lebendiges Elfenbein. Licht gleitet über diesen polierten

85

Félicité-Robert de Lamennais

Körper und erglänzt ... In leidenschaftlichen Augenblicken sind Camille Maupins Augen herrlich; das Gold ihres Blickes entzündet das weiße Gelb, und alles flammt; in der Ruhe jedoch ist ihr Blick stumpf, die Starre der Meditation gibt ihm oft den Anschein der Torheit ...»[141]

George Sand und Balzac hatten in vielem sehr verschiedene Auffassungen. Sand, Anhängerin Rousseaus und Republikanerin, trat für die Emanzipation der Frau und die Liebesheirat ein. Balzac, von Rousseau abgefallen und keineswegs von der natürlichen Güte des Menschen überzeugt, war Monarchist und predigte die Vernunftehe. Ungeachtet dessen bestand zwischen diesen beiden «großen Männern» und Vielschreibern eine aufrichtige Freundschaft. Zu Balzacs «Comédie Humaine» schrieb George Sand 1855 ein enthusiastisches Vorwort. Als 1839 «Béatrix» erschien, schrieb sie an Balzac: *Man sagte mir, Sie hätten in diesem Buch eine reine Person meiner Bekanntschaft und ihren Gefährten ... fürchterlich geschwärzt ... Sie wird zuviel Geist besitzen, um sich darin wiederzuerkennen, und ich zähle auf Sie, um mich zu rechtfertigen, falls sie jemals auf den Gedanken kommen sollte, mich einer böswilligen Angeberei zu beschuldigen.* [142]

George Sand konnte sich ganz auf Balzac verlassen. Dennoch verzieh Marie d'Agoult weder Balzac noch Sand je den Roman «Béatrix», von dem sie wußte, daß er «nach achttägigem Tête-à-tête in Nohant» geschrieben worden war. Von Liszt ist der bittere Ausruf überliefert: «Dante! Béatrice! Die Dante sind es, die die Béatricen machen, und die wirklichen Béatricen sterben mit achtzehn Jahren.» [143] Damals war Marie d'Agoult 33 Jahre alt.

Für George Sand hatte in jenen Jahren ein neuer Abschnitt ihres Lebens begonnen. Im November 1836 hatte sie Frédéric Chopin kennengelernt. Aber sie war zu sehr mit anderen Dingen beschäftigt gewesen, als daß es zu einer intensiven Beziehung zwischen dem Pianisten und ihr hätte kommen können. Nach dem mehrmonatigen Besuch von Liszt und Marie d'Agoult bei ihr in Nohant mußte sie in Paris ihre kranke Mutter pflegen, die im August 1837 starb.

Lieber guter alter Freund, schrieb sie an den Arzt Gustave Papet, *ich habe meine arme alte Mutter verloren! ... Sie hat mir manchmal weh getan, und mein größtes Leid ist mir durch sie gekommen. Aber sie hat in der*

George Sand. Zeichnung von Alfred de Musset

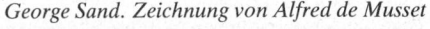

letzten Zeit alles wieder gut gemacht, und ich habe mit Befriedigung er-
kannt, daß sie endlich meinen Charakter begriff und mir vollkommene
Gerechtigkeit widerfahren ließ.[144]

Im selben Jahr hatte sie den Theologen und Schriftsteller Félicité-Robert de Lamennais kennengelernt. Er war durch sein 1833 erschienenes
Buch «Paroles d'un croyant» berühmt geworden, das im Namen der Religion die Souveränität des Volkes proklamierte. Obgleich (oder auch weil)
Lamennais mit dem päpstlichen Bann belegt wurde, erlebte das Buch in
wenigen Jahren über hundert Auflagen. In George Sands mystisch-philo-
sophischem Roman *Spiridion* (erschienen 1839) ist eine der Hauptfiguren
des Romans, der Mönch Alexis, dem berühmten Priester nachgezeich-
net. Als Lamennais die Zeitschrift «Le Monde» herausgab, schrieb sie –
trotz vorteilhafter Angebote anderer Zeitschriften – honorarlos für ihn
die *Briefe an Marcie.* Der *Sechste Brief an Marcie* war eine Verteidigung
der Gleichheit der Geschlechter in der Liebe. Lamennais – ein Frauen-
verächter – war schockiert. Als George Sand dann gar die *Rolle der Leidenschaft im Leben der Frau* thematisieren wollte, brach er die Veröffentlichung der *Briefe* ab. Die verbindenden Elemente – eine religiöse, aber
antiklerikale Einstellung, gepaart mit einem ausgeprägten Demokratie-
verständnis – wogen das Trennende nicht auf. Lamennais' leichte Reiz-
barkeit, seine Unverträglichkeit und Bärbeißigkeit, seine engstirnige
Voreingenommenheit gegenüber Frauen waren wohlbekannt.

Im gleichen Jahr lernte George Sand den Philosophen und Sozialisten
Pierre Leroux kennen, den sie gleich überschwenglich für «einen neuen
Platon», einen «Christus» hielt und mit dem sie jahrelang intensiv zusam-
menarbeitete.

Im Frühjahr 1838 sahen sich George Sand und Frédéric Chopin recht
häufig. Es war der Anfang einer neun Jahre währenden freundschaftli-
chen, eheähnlichen Beziehung, durch die Frédéric Chopin, der nach der
Revolution von 1830 nicht mehr in sein Vaterland Polen zurückgekehrt
war, eine Art familiäres Zuhause gewann.

Ein Winter auf Mallorca

Über Frédéric Chopin, den «holdseligen Tondichter»[146], den «Raffael des Fortepiano»[147], schrieb Heinrich Heine 1837 in den «Vertrauten Briefen an August Lewald»:

«Das ist ein Mensch vom ersten Range. Chopin ist der Liebling jener Elite, die in der Musik die höchsten Geistesgenüsse sucht. Sein Ruhm ist aristokratischer Art, er ist parfümiert von den Lobsprüchen der guten Gesellschaft, er ist vornehm wie seine Person.

Chopin ist von französischen Eltern in Polen geboren und hat einen Teil seiner Erziehung in Deutschland genossen. Diese Einflüsse dreier Nationalitäten machen seine Persönlichkeit zu einer höchst merkwürdigen Erscheinung; er hat sich nämlich das Beste angeeignet, wodurch sich die drei Völker auszeichnen: Polen gab ihm seinen chevaleresken Sinn und seinen geschichtlichen Schmerz, Frankreich gab ihm seine leichte Anmut, seine Grazie, Deutschland gab ihm den romantischen Tiefsinn ... Die Natur aber gab ihm eine zierliche, schlanke, etwas schmächtige Gestalt, das edelste Herz und das Genie. Ja, dem Chopin muß man Genie zusprechen, in der vollen Bedeutung des Worts; er ist nicht bloß ein Virtuose, er ist auch Poet, er kann uns die Poesie, die in seiner Seele lebt, zur Anschauung bringen, er ist Tondichter, und nichts gleicht dem Genuß, den er uns verschafft, wenn er am Klavier sitzt und improvisiert ...»[148]

Frédéric Chopin, der nach dem Aufstand in Warschau Ende November 1830 auf Anraten seines Vaters von einer Kunstreise nicht nach Polen zurückgekehrt war und wegen der Übernahme der polnischen Verwaltung durch die Russen und der daraus resultierenden Unterdrückung des geistigen und wirtschaftlichen Lebens in Polen sein Heimatland nie mehr wiedersah, lebte seit 1831 in Paris. Bereits 1833 war er ein anerkannter und in den Salons gern gesehener und beliebter Pianist. Als er 1837 George Sand kennenlernte, fand er sie «unsympathisch»[149]. Eine Einladung nach Nohant schlug er aus.

Die beiden waren extrem verschieden: Chopin, sechs Jahre jünger als Sand, war politisch konservativ, katholisch, sehr elegant, in Gesellschaft eher schüchtern, außerdem hatte er eine gewisse Abneigung gegen die sexuelle Seite der Liebe. George Sand hingegen war Republikanerin, eine Kritikerin des klerikalen Katholizismus (man könnte sie als christliche Deistin bezeichnen), bewegte sich sicher und ungezwungen in gesell-schaftlichen Kreisen und sah in der körperlichen Liebe *die achtbarste und heiligste Sache der Schöpfung ... das göttlichste Geheimnis, das ernsteste und erhabenste Lebensgeschehen im Leben des Alls*[150].

Was Chopin aber schließlich bei George Sand anzog war ihr tiefes Mu-sikverständnis, ihr aufmerksames Zuhören- und Schweigenkönnen. Während andere Frauen ihm wortreich Lob zollten, sah sie ihn mit ihren großen dunklen Augen verstehend an. Außerdem erkannte er, der schöp-ferische Komponist, auch die außerordentliche Leistung der Roman-schriftstellerin an. George Sand ihrerseits schätzte sein Klavierspiel, sei-ne Kompositionen, seine Genialität. Zudem war er ein gutaussehender, sanfter und zärtlicher Mann, dem gegenüber sie jene Art weiblicher und fürsorglicher Liebe walten lassen konnte, die bei Michel de Bourges fehl am Platz war. Sie hatte Michel heiß begehrt, er hatte sich ihr entzogen. Sie war verletzt, aber nicht rachsüchtig. Nach der Trennung hatte sie mit dem freundlichen Félicien Mallefille zusammen gelebt, der der Lehrer ihres Sohnes und ihr Sekretär war. Mallefille, neun Jahre jünger als George Sand, war ein mittelmäßiger und auch glückloser Schriftsteller. Um ihm finanziell zu helfen, ließ sie sein Buch «Dernier Sauvage», das zu drucken Buloz abgelehnt hatte, unter ihrem Namen veröffentlichen. Sie hielt ihn für einen guten, lieben Jungen und war überrascht, als es zu Beginn ihrer Liaison mit Chopin Szenen der Eifersucht gab. Sie schickte ihn mit ihrem Sohn Maurice auf eine Kunstreise in die Normandie.

Als George Sand ihre Aufmerksamkeit Chopin zuwandte, war gerade seine Beziehung zu der jungen Polin Maria Wodzinska, die zu heiraten er gehofft hatte, in die Brüche gegangen. Er war unglücklich, und die warm-herzige, enthusiastische Zuneigung der musikliebenden George Sand tat ihm gut. Im Oktober 1837 notierte er in sein Tagebuch:

«Ich habe sie dreimal wiedergesehen. Sie schaute mir tief in die Augen, während ich spielte. Es war eine traurige Musik, Donaulegenden; mein Herz tanzte mit ihr durch das Land. Und ihre Augen in die meinen ver-senkt, dunkle, seltsame Augen, was sagten sie? Sie stützte sich auf den Flügel, und ihre glühenden Blicke umfingen mich ... Blumen ringsum. Mein Herz war gefangen! Seitdem habe ich sie zweimal wiedergesehen ... Sie liebt mich ... Aurora, welch entzückender Name!»[151]

George Sand wollte diese noch sehr zarte Liebe retten – sie nannte ihn *Samtfinger*, er sie seinen «Engel» –, vor allem vor dem eifersüchtigen Mallefille, der aus der Normandie zurückgekehrt war und über den Marie d'Agoult recht schadenfroh an Adolphe Pictet schrieb:

«Schließlich, ich weiß nicht welcher Dämon es ihm eingegeben hatte, schöpfte er Verdacht und legte sich vor die Tür Chopins, zu dem sich George jede Nacht begab, auf die Lauer. Hier wird der Dramendichter dramatisch; er schreit, brüllt, wird wild und will töten. Freund Grzyma-la[152] wirft sich zwischen die berühmten Rivalen; man beruhigt Mallefille,

*Heinrich Heine. Holzschnitt nach dem
Gemälde von Moritz Oppenheim, 1831*

und George sucht mit Chopin das Weite, um im Schatten der Myrten von
Palma süßer Liebe zu pflegen.»[153]

Für eine Reise nach Mallorca gab es eine ganze Reihe von Gründen.
Zunächst einmal hatten verschiedene Ärzte dem stark hustenden Chopin
einen Aufenthalt am Mittelmeer empfohlen. Hinzu kam, daß der Konsul
von Spanien, der Mann von George Sands Freundin Charlotte Marliani,
die in Paris einen großen Salon unterhielt, Mallorca sehr empfahl. Außerdem hoffte sie, daß das wärmere Klima dem kränkelnden Maurice guttun
würde. Schließlich entzog sie sich durch eine Reise den eifersüchtigen
Nachstellungen Mallefilles und dem Klatsch der Pariser. Letzteres war
auch für Chopin wichtig, der dieses Liebesverhältnis vor seiner gottes-
fürchtigen Familie zunächst geheimhalten wollte.

Im November 1838 fuhren George Sand, ihre beiden Kinder und Frédéric Chopin (bis Perpignan auf getrennten Wegen) nach Mallorca. Die
ersten Tage versprachen einen klimatisch angenehmen Aufenthalt, was
besonders für Chopin wichtig war, dessen Schwester an der Schwindsucht
gestorben war. An den Pianisten Jules Fontana schrieb er: «Ich wandle in

Frédéric Chopin. Zeichnung von Götzenberger, 1838

Palma unter Palmen, zwischen Zedern, Alöen, Orangen-, Zitronen-, Feigen- und Granatbäumen. Der Himmel ist türkisfarben, das Meer schimmert wie Lapislazuli, die Berge wie Smaragden. Und die Luft ist genau wie der Himmel. Hier kleiden sich alle wie im Sommer ... und nachts hört man von überall her Gesang und Gitarrespiel. Jetzt, lieber Freund, genieße ich das Leben etwas mehr. Ich lebe im Paradies auf Erden, ich bin ein besserer Mensch.»[154]

Diese Sonnentage waren aber nur der Ausklang des Sommers. Die Regenzeit begann. In vielen Häusern gab es nur Fensterrahmen, ohne Scheiben, die Türen waren ohne Schlösser. Das «Haus des Windes», das sie gemietet hatten, machte seinem Namen alle Ehre: es war zugig und die Wände waren schon bald mit Wasser vollgesogen. Der Rauch des Ofens zog nicht ab. Chopins Husten wurde schlimmer statt besser. Die Ärzte konnten nicht helfen. Sintflutartige Regenfälle, orkanartiger Sturm und die mangelnde Hilfsbereitschaft und Unfreundlichkeit der Mallorquiner, die davon überzeugt waren, Chopin habe eine ansteckende Krankheit und sei zu meiden, versetzten die Reisenden in eine depressive Stimmung. Auch als sie in die abgeschiedene und romantisch gelegene Kartause von Valldemosa umzogen, wurde ihre Lage nicht viel besser. Die Zellen des ehemaligen Klosters erschienen Chopin wie Särge. George Sand war wegen der Unwetter oft stundenlang unterwegs, um einige Lebensmittel herbeizuschaffen, und die strenggläubigen Mallorquiner zeigten offen, daß sie über das unverheiratete Paar, das sonntags nicht zur Kirche ging, und die halbwüchsige Solange, die in Hosen herumlief, schockiert waren.

An Mme Marliani schrieb George Sand im Februar 1839: *Wären wir noch einen Monat in Spanien geblieben, wir wären gestorben, Chopin und ich, er aus Trübsinn und Abscheu, ich vor Wut und Empörung. Sie haben mich an meiner empfindlichsten Stelle getroffen, sie haben vor meinen Augen ein leidendes Wesen gequält. Das vergebe ich ihnen nie, und wenn ich über sie schreibe, dann voller Gift und Galle.* [155]

In ihrem 1842 erschienenen Buch *Ein Winter auf Mallorca* setzte George Sand den Mallorquinern ein wenig rühmendes Denkmal. Mit viel Ironie und voller Ranküne schilderte sie die Ungastlichkeit und das zum Teil schikanöse Verhalten der Inselbewohner. Chopins Klavier war lange

Palma de Mallorca

Eingang zur Kartause. Zeichnung von Maurice Sand

beim Zoll festgehalten worden; die Ärzte nahmen für die Behandlung horrende Summen; und die Küchenhilfe stahl Nahrungsmittel, die George Sand für Chopin besorgt hatte, weil er die einheimischen Speisen nicht vertrug. George Sand hatte alle Hände voll zu tun: sie unterrichtete ihre beiden Kinder, pflegte Chopin, kochte oft selber für ihn, und schrieb neben ihren zahlreichen Briefen noch den Roman *Spiridion*.

In der *Geschichte meines Lebens* erzählt sie, wie sie mit Maurice nach dem Einkauf von Lebensmitteln in Palma auf dem Rückweg nach Valldemosa in ein Unwetter geriet. Sie mußten den Wagen verlassen und barfuß durch reißende Sturzbäche waten. Erst spät nachts kamen sie zurück.

Weil wir wußten, daß unser Kranker in Unruhe sein würde, beeilten wir uns. Die Unruhe war auch in der Tat sehr groß, aber sie war erstarrt in einer

Art stiller Verzweiflung, und mit Tränen in den Augen spielte er sein wunderbares Prélude. Als er uns eintreten sah, sprang er auf und stieß einen Schrei aus und rief dann mit verwirrter Miene und seltsamem Ton: «Ach, ich wußte ja, daß Ihr tot wart!»

Als er sich gefaßt hatte und sah, in welchem Zustand wir waren, wurde er krank, als er sich zurückblickend unsere Gefahren vergegenwärtigte. Aber er gestand mir sogleich, daß er, während er auf uns wartete, dies alles in einer Vision gesehen habe, und daß er, als er Traum und Wirklichkeit nicht mehr unterscheiden konnte, sich beruhigt hätte und – betäubt durch sein Klavierspiel – der Überzeugung gewesen sei, selber tot zu sein. Er glaubte, in einem See ertrunken zu sein; schwere und eisige Eistropfen fielen ihm im Takt auf die Brust. Als ich ihn auf das Geräusch der Regentropfen aufmerksam machte, die tatsächlich auf das Dach fielen, leugnete er, sie vorher gehört zu haben. Er wurde sogar böse, als ich das Wort nachahmende Tonmalerei gebrauchte. Sein Genius war auf geheimnisvolle Weise mit der Natur in Einklang, und dieser drückte sich durch eine erlesene gleichwertige Wiedergabe der Töne in seiner musikalischen Gedankenwelt aus, nicht aber durch eine sklavische Nachahmung des äußeren Klangs. Die Komposition jenes Abends war voll von Regentropfen, die die tönenden Dachziegel des Klosters zum Klingen brachten, aber in seiner Phantasie und seiner Musik hatten sie sich in Tränen verwandelt, die vom Himmel herab auf sein Herz fielen.[156]

In der Kartause von Valldemosa entstand das sogenannte «Regen-

Die Kartause von Valldemosa auf Mallorca

Der Dampfer «El Mallorquin»

tropfen-Prélude», von dem die einen sagen, es sei das sechste Präludium in h-moll, die anderen, es sei das fünfzehnte in Des-dur. Als der Regen weiter zunahm und sich Chopins Gesundheitszustand sehr verschlechterte, entschlossen sie sich, nach Frankreich zurückzufahren. In *Ein Winter auf Mallorca* schildert George Sand sarkastisch, was sie bei der Überfahrt auf einem Schiff, das eine Ladung stinkender, quiekender und grunzender Schweine an Bord hatte, erdulden mußten:

Der Kapitän des Dampfers ist ein reizender Mensch, der durch das Zusammenleben mit diesen edlen Tieren ganz ihr Grunzen und Quieken und sogar etwas von ihrer Ungezwungenheit angenommen hat. Wenn sich ein Passagier über den Saulärm beklagt, antwortet der Kapitän, das sei der Klang von Goldstücken, die auf dem Zahlbrett klimpern. Wenn eine Frau so zimperlich ist, sich über den Gestank zu beschweren, den sie im Schiff verbreiten, hat ihr Mann die Antwort bereit, daß Geld nicht stinkt und daß es ohne Schweine für sie weder Hüte noch seidene Kleider aus Frankreich gäbe ... Wenn jemand seekrank wird, braucht er gar nicht zu versuchen, einen Matrosen um Beistand zu bitten. Schweine werden nämlich auch seekrank, und diese Unpäßlichkeit ist bei ihnen von einer absonderlichen Teilnahmslosigkeit und einem derartigen Lebensüberdruß begleitet, daß man um jeden Preis dagegen ankämpfen muß. Alles Mitleid und menschliche Gefühl über Bord werfend – denn es geht um die Existenz seiner liebsten Passagiere – stürzt sich der Kapitän höchstpersönlich mit einer Peitsche bewaffnet mitten unter sie. Hinter ihm drein stürmen Matrosen und Schiffsjungen; jeder greift sich, was ihm gerade in die Hände fällt, der eine eine Eisenstange, der andere ein Tauende, und unverzüglich bezieht die ganze Saubande, die reglos und stumm hingefläzt lag, eine väterliche Tracht Prügel. Die Tiere werden dadurch gezwungen aufzustehen, sich zu bewegen und durch die gewaltsame Ablenkung den unheilvollen Einfluß des Schlingerns zu bekämpfen.

Bei unserer Abfahrt von Mallorca im Februar war es drückend heiß, doch wir konnten nicht an Deck ... weil wir sonst die Schweine durch unsere Anwesenheit belästigt hätten. Zunächst verhielten sie sich ganz ruhig, aber um Mitternacht fand der Steuermann, sie schliefen wie in dumpfe Schwermut versunken. Also wurde ihnen die Peitsche verabfolgt, und wir wurden regelmäßig alle Viertelstunde von einem derart fürchterlichen Zetern und Quieken aufgeweckt – Schmerz- und Wutgeschrei der Gepeinigten einerseits und Anfeuerungsrufe des Kapitäns begleitet von Flüchen der wetteifernden Peiniger andererseits – daß wir manchmal dachten, die Schweine fräßen die Mannschaft auf ...

Mir macht die Seefahrt nichts aus, aber ein Mitglied meiner Familie (Frédéric Chopin) war schwer krank. Die Überfahrt, der Gestank und Mangel an Schlaf hatten seine Leiden nicht gemildert. Die einzige Aufmerksamkeit, die uns der Kapitän erwies, war, uns zu bitten, den Kranken nicht in die beste Koje der Kabine zu legen, denn nach spanischen Begriffen ist jede Krankheit ansteckend, und da sich unser Kapitän bereits vorgenommen hatte, die infizierte Koje zu verbrennen, sollte es die schlechteste sein.[157]

Frédéric Chopin. Zeichnung von George Sand

Frédéric Chopin. Gemälde von Delacroix

In Marseille, wo sie am 24. Februar 1839 ankamen, erholte sich Chopin
nur sehr langsam. Sie fuhren erst Ende Mai nach Nohant zurück. Bis zum
Jahre 1847 verbrachte er nun jeden Sommer (1840 ausgenommen) in Nohant, während beide die Winter in Paris verbrachten, wo sie in nahe beieinander gelegenen Appartements wohnten. In Paris lebte Chopin hauptsächlich davon, daß er Klavierstunden und Konzerte gab. In Nohant, wo
er zum erstenmal seit seiner Kindheit ein richtiges Zuhause hatte, kompo-
nierte er Mazurken, Sonaten, Impromptus, Nocturnes, Polonaisen, Pré-
ludes. Seine besten Werke entstanden dort. Von den Besuchern, die nach
Nohant kamen, liebte er am meisten den Maler Eugène Delacroix, mit
dem ihn eine innige Freundschaft verband. Über das Leben dort berich-

tete Delacroix einem Freund im Juni 1842: «Ist man nicht vereinigt zum Diner, Frühstück, Billardspiel oder Spaziergang, so bleibt man in seinem Zimmer, liest oder rekelt sich auf einem Ruhbett. Bisweilen kommt zu einem her durchs offene Fenster, das auf den Garten geht, stoßweise Musik von Chopin, der in seinem Bezirk arbeitet; darein verfängt sich der Gesang von Nachtigallen und der Hauch der Rosensträuche. Du siehst: bis dahin bin ich nicht sehr zu bedauern, und doch bekommt erst durch die Arbeit dies alles sein Körnchen Salz ...»[158] Und in einem späteren Brief: «Ich bin unbegrenzt mit Chopin zusammen, den ich sehr lieb habe und der ein selten nobler Mensch ist; er ist der echteste Künstler, dem ich begegnet bin. Er gehört zu jenen wenigen, die man bewundern und achten kann. Madame Sand leidet ja häufig an heftigen Kopf- und Augenschmerzen, die sie nach Kräften und mit viel Beherrschung zu überwinden sich bemüht, um uns nicht lästig zu fallen, dadurch daß sie leidet ...»[159]

Delacroix schuf in Nohant die Entwürfe zu einem Doppelbildnis von Chopin und Georges Sand. Der auf Grund dieser Vorstudien entstandene

Eugène Delacroix. Selbstbildnis

Frédéric Chopin. Zeichnung von Delacroix

schöne Porträtkopf Chopins hängt heute im Louvre. Außerdem unterrichtete Delacroix Maurice in der Malerei.

In Paris waren Chopins und George Sands Freunde häufig zusammen. Zu ihnen gehörten: polnische Prinzessinnen und Gräfinnen, Adam Mickiewicz, der im Exil lebende große polnische Dichter, die Sängerin Pauline Viardot, Heinrich Heine, Marie Dorval, Pierre Leroux, die Schriftstellerin Hortense Allart, der Advokat und Schriftsteller Emmanuel Arago, der Schauspieler Bocage und die Freunde aus dem Berry. Es war ein fröhliches und fruchtbares Beieinander.

Nach einer Phase, in der George Sand mystische Romane geschrieben hatte, verfaßte sie nun ihre sogenannten sozialistischen Romane Außerdem schrieb sie einen Roman, in dem sie Chopin und sich darstellte: *Lucrezia Floriani*. Sich selbst schildert sie in Gestalt der Lucrezia als eine Frau in der Mitte des Lebens, von Liebe übersättigt, Chopin in Gestalt des Prinzen Karol als einen Mann von fast geschlechtsloser Schönheit, der

keusch, fromm und poetisch ist, jedoch, nachdem er sich in Lucrezia verliebt hat, unerträglich eifersüchtig und intolerant wird. Chopin erkannte
sich in dem ihm so sehr verwandten Karol nicht wieder. Delacroix und
Heine empörten sich über George Sand, die Chopin übel mitgespielt habe.
Delacroix sagte, er habe – als George Sand den Roman vorlas – «wie auf
heißen Kohlen gesessen». «Der Henker und das Opfer setzten mich in
gleicher Weise in Erstaunen. Frau Sand schien vollkommen ungezwungen, und Chopin bewunderte unaufhörlich die Erzählung. Um Mitternacht zogen wir uns gemeinsam zurück. Chopin wollte mich begleiten,
und ich ergriff die Gelegenheit, seine Eindrücke zu erforschen. Spielte er

Brief George Sands an Edmond Plauchut

mir gegenüber Komödie? Nein, wirklich; er hatte nicht begriffen, und der Musiker erging sich beharrlich in enthusiastischem Lob auf den Roman.»[160] George Sand stritt übrigens beharrlich und fast empört ab, bei Lucrezia an sich, beim Prinzen Karol je an Chopin gedacht zu haben.

Franz Liszt äußerte sich satirisch: «George fängt ihren Schmetterling, zähmt ihn, indem sie sich ihn mit Blumen und Honig füttert. Das ist die Zeit der Liebe. Wenn er sich zu wehren beginnt, durchbohrt sie ihn mit ihrer Nadel. Das ist die Verabschiedung, bei der sie die Initiative ergreift. Dann seziert sie ihn, konserviert ihn und tut ihn in ihre Sammlung von Romanhelden.»[161]

Als es zwischen George Sand und Chopin im Januar 1847 zum Bruch kam, war es aber nicht sie, die die Initiative ergriff, sondern Frédéric, aufgehetzt durch George Sands Tochter Solange. Wenn es zu Auseinandersetzungen zwischen Kindern und Mutter kam, ergriff George Sand meist die Partei von Maurice, Chopin die von Solange. Das heranwachsende, kokette, schöne Mädchen faszinierte ihn, und die Ehe mit dem ziemlich vulgären und gewalttätigen Bildhauer Jean-Baptiste (genannt Auguste) Clésinger, die Solange im Jahre 1847 einging, schockierte Chopin, der sie – wenn vielleicht auch unbewußt – liebte.

Solange hatte bereits die Eheschließung einer armen Verwandten – Augustine Brault, die von George Sand adoptiert worden war und eine hohe Mitgift erhalten sollte – dadurch unmöglich gemacht, daß sie dem zukünftigen Ehegatten, dem Maler Théodore Rousseau, Schlechtes über das Mädchen erzählte. Nun erfand Solange Unwahrheiten über ihre Mutter, die Chopin veranlaßten, sich von George Sand zu trennen.

Als Solange nach der Hochzeit mit ihrem stark verschuldeten Mann nach Nohant kam, um ihrer Mutter Geld zu entlocken, ereignete sich eine Szene, in deren Verlauf Clésinger mit dem Hammer auf Maurice losging und gegen George Sand, die ihrem Sohn beispringen wollte, handgreiflich wurde. Als das *teuflische Paar*[162] – wie George Sand an ihre Freundin Marie de Rozières schrieb – in Paris dem stets eifersüchtigen Chopin von diesem Familienstreit berichtete, sah die Darstellung ganz anders aus: George Sand habe Liebhaber und Maurice dulde die Liebschaften seiner Mutter, weil er seine eigene Liebschaft mit Augustine Brault verheimlichen wolle. Chopin glaubte diesen Aussagen, ohne sie auf ihren Wahrheitsgehalt zu prüfen. Er schlug sich auf die Seite Solanges. George Sand sah ihn später nur noch einmal – ganz zufällig – im Treppenhaus von Madame Marliani wieder. Er teilte ihr kurz mit, daß Solange eine Tochter geboren habe und sie, George, nun Großmutter sei.

Bis zu Chopins Tod am 17. Oktober 1849 – er starb an Lungentuberkulose – kam es zu keiner Aussprache zwischen den beiden. Wie sehr die Art des Auseinanderbrechens dieser achtjährigen Beziehung sie verletzt hatte, ist daran zu sehen, daß George Sand zu stolz war, sich vor Chopin zu rechtfertigen, und daß sie ihre Briefe an ihn nach seinem Tod vernichtete.

Solange Clésinger, geb. Dudevant. Zeichnung von Jean-Baptiste Clésinger

Wie betroffen Chopin war, geht aus einem Brief hervor, den er im Januar 1848 an seine Schwester Ludwika Jędrzejewicz schickte, in dem er sich – nicht ohne Bitterkeit – zu erklären versuchte, warum George Sand ihm nicht schrieb. Trotz allem aber, so fuhr er fort, bedaure er nicht, ihr geholfen zu haben, *die acht schwierigsten Jahre ihres Lebens zu ertragen, damals, als die Tochter heranwuchs und der Sohn bei der Mutter erzogen wurde; ich bedaure nichts von dem, was ich ausstehen mußte, aber ich bedaure, daß sie die Tochter, diese gut gepflegte, vor so vielen Stürmen bewahrte Pflanze in der Mutterhand gebrochen hat durch Unvernunft und Leichtfertigkeit, die einer zwanzigjährigen Frau vielleicht verziehen werden können, nicht aber einer Vierzigjährigen.* [162a]

Maurice Sand. Portrait von Couture

Chopin, der bis an sein Lebensende eine warme, freundschaftlich-herzliche Beziehung zu Solange Clésinger hegte, war genauso unfähig wie George Sand, den ersten Schritt zu einem die Kluft überbrückenden Gespräch zu tun, obgleich er – wie aus vielen Briefen hervorgeht – nicht weniger unter dem völligen Abbruch der Beziehungen litt als seine ehemalige Freundin.

Man hat George Sand Chopins wegen zahlreiche Vorwürfe gemacht. Noch in einem Artikel zu ihrem 50. Todestag heißt es, sie habe ihm den «Todesstoß»[163] versetzt. Andere warfen ihr vor, «sie habe ‹durch ihre zuchtlosen Begierden› die Gesundheit des unglücklichen Chopin untergraben, und dadurch sei er ein Opfer der Tuberkulose geworden»[164]. Dabei hatte sie, was ihr gewiß nicht leichtfiel, während ihres Zusammenlebens mit Chopin jahrelang in sexueller Enthaltsamkeit gelebt.

Im Grunde kann man ihr nur einen Vorwurf machen: nämlich den, daß sie offenbar bei der Erziehung ihrer Tochter versagt hatte.

Die Sozialistin

In ihrem Frühwerk war George Sand für die Emanzipation der Frau eingetreten, hatte sie die Rechte des Gefühls betont. In den vierziger Jahren nahm ihr Engagement einen sozialen Charakter an. In den sogenannten sozialistischen Romanen ging es ihr um eine bessere Gesellschaft und Menschennatur. Die Forderung nach Gleichberechtigung der Geschlechter[165] trat zurück gegenüber der nach Gleichstellung der Klassen. Kennzeichnend auch für die neue Schaffensperiode war die Übertragung persönlicher Erlebnisse und Eindrücke, nun aber in zunehmendem Maße auch politischer Art, ins Fiktionale.

Wie ein Produkt des Übergangs, in dem alles auf einem einmaligen Höhepunkt zusammengefaßt ist, erscheint George Sands umfangreichstes Werk: der Roman *Consuelo* (8 Bände) mit der Fortsetzung *La Comtesse de Rudolstadt* (5 Bände).

In diesen beiden Romanen, die in den Jahren 1842 und 1843 unter großem Zeitdruck entstanden und in der von ihr mitherausgegebenen «Revue Indépendante» in Fortsetzungen vorabgedruckt wurden, sind alle Themen versammelt, die George Sand zeit ihres Lebens beschäftigten: die ideale Liebe, das tätige Mitleid mit den Schwachen, sozialistische Theorien und religiöse Lehren, Okkultismus, Mystizismus, Geheimgesellschaften. Streckenweise merkt man dem Werk an, daß George Sand den Schriftsteller E. T. A. Hoffmann bewunderte, dessen Figuren sich in einer realistischen Wirklichkeit bewegen, in die unvermittelt eine hintergründig-dämonische, grotesk-phantastische Spukwelt hereinbricht.

Consuelo und *Die Gräfin von Rudolstadt*, diese ausufernden Romane, sind mit schwärmerischer Phantasie, psychologischer Feinfühligkeit und viel Schwung geschrieben. Die Weitschweifigkeit mancher Stellen entschuldigte George Sand mit der überstürzten Niederschrift. Zunächst mußte sie jeden Monat einige Kapitel schreiben: Als die «Revue Indépendante» dann aber in einem Abstand von vierzehn Tagen erschien, mußte sie über ein Jahr lang alle zwei Wochen vier bis fünf Kapitel fertigstellen. So erklärt sich auch, daß «auf ein paar geniale Seiten Sätze folgen, die aus einem Kolportageroman stammen könnten»[166].

Die Heldin, Consuelo, trägt teilweise autobiographische Züge. Vorbild war aber auch die damals berühmte und mit George Sand befreundete

Sängerin Pauline Viardot. Consuelo, eine Zigeunerwaise aus dem Venedig des 18. Jahrhunderts, reist nach der Entdeckung ihres außerordentlichen gesanglichen Talents und nach einer unglücklichen Liebe zur Riesenburg an der deutsch-böhmischen Grenze. Dort lernt sie den Grafen von Rudolstadt kennen, der – hochbegabt, hellseherisch, manchmal wie irre handelnd – sie auf eigentümliche Weise fasziniert. Auch dieser Graf, den man für verrückt hält, verkörpert George Sand und ihre sozialen Ideen. Um ihrer Berufung als Sängerin zu folgen, begibt sich Consuelo auf die Wanderung nach Wien. Unterwegs trifft sie den noch jungen, unbekannten Joseph Haydn, besteht gemeinsam mit ihm zahlreiche Abenteuer, wird in Wien gefeiert, begegnet Maria Theresia, läßt sich nach Berlin engagieren und rettet – auf der Reise dorthin – Friedrich dem Großen das Leben.

Der im Sterben liegende Graf von Rudolstadt läßt Consuelo zu sich holen. Er heiratet sie kurz vor seinem Tode.

Die Gräfin von Rudolstadt, zu der Consuelo durch den Tod des Grafen geworden ist, besteht in dem gleichnamigen Roman zahllose Abenteuer. Durch Seelenwanderung wiedergekehrt, begegnet Consuelo ihr Mann

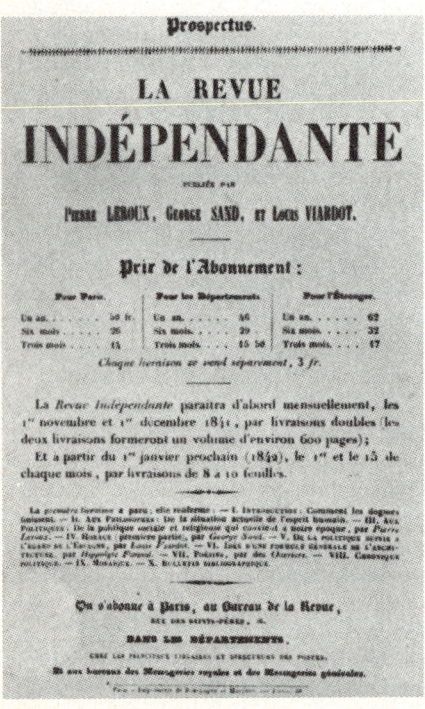

Pauline Viardot. Gemälde von Maurice Sand

von neuem in Gestalt eines Ritters, der den Geheimbund der «Unsichtba-
ren» leitet. Als deren Vorbild dienten George Sand die Freimaurer. Im
Gegensatz zu diesen nehmen die «Unsichtbaren» aber Frauen auf. Das
Ziel des Geheimbundes ist die Verwirklichung von Freiheit, Gleichheit
und Brüderlichkeit für alle, das heißt die Verwirklichung der Ziele der
Revolution von 1789. Zum Schluß des Buches ziehen Consuelo und ihr
Mann als mittellose Musikanten über die Straßen Europas.

Consuelo und *Die Gräfin von Rudolstadt* werden von manchen Biographen bzw. Herausgebern George Sands mit Goethes «Wilhelm Meister»
verglichen, der sie sehr beeinflußt haben soll. Die französische Überset-
zung des «Wilhelm Meister» erschien aber erst, als George Sand bereits
einen Großteil ihres Werkes geschrieben hatte; außerdem ist *Consuelo* im
Gegensatz zum «Wilhelm Meister» «kein Bildungsroman, weil die Heldin

George Sand.
Zeichnung von Pauline Viardot

von Anfang an vollkommen ist»[167]. Mit guten Gründen hielten die französischen Schriftsteller Alain (Émile Chartier) und André Maurois *Consuelo* für George Sands bestes Werk. Es wurde in viele Sprachen übersetzt und begeisterte unter anderen George Eliot, Walt Whitman, Ivan Turgenjev.

Der romantische Weltschmerz, der in Goethes «Werther», Chateaubriands «René», Byrons «Manfred», Mussets «Bekenntnisse eines Kindes unserer Zeit» oder Gérard de Nervals «Aurélie» einen so tragischen Beigeschmack hatte, weil die Gewalt des Schmerzes gleichsam ein ausweglosesGetto schuf, erscheint bei George Sand dadurch geläutert, daß ihre Figuren trauerfähig sind und daher nicht verzweifeln. *Laß mich weinen*, sagt einmal die Sängerin Consuelo, *denn nicht die Demütigung, verlassen und verachtet zu sein, drückt mir das Herz ab, sondern die Trauer um ein Ideal, das ich mir von der Liebe und ihrer Allmacht gemacht habe.*[168]

Mitte der vierziger Jahre, als George Sand ihr umfangreichstes Werk beendet hatte, waren zwei Personen für sie wichtig geworden, die ihre sozialistischen Neigungen wesentlich förderten: einmal der Theologe und Philosoph Félicité-Robert de Lamennais, für den das damals mächtige Papsttum zu den reaktionären Kräften der Zeit zählte und der in seinem berühmten Buch «Paroles d'un croyant» im Namen der Religion die Souveränität des Volkes proklamierte, zum anderen der Saint-Simon-Schüler

Pierre Leroux, Philosoph und Sozialist, dessen Solidaritätslehre sich gegen die Herrschaft der einen über die anderen in Gesellschaft und Staat wandte.

George Sand brachte er die Idee des Gemeineigentums, insbesondere an den Produktionsmitteln, nahe. Leroux ist nicht unbeteiligt daran, daß aus der Romantikerin eine Sozialistin wurde. Allerdings ist Jean-Paul Sartres Auffassung, Leroux allein sei für die revolutionäre Einstellung George Sands verantwortlich («Dank seinen Bemühungen wird sich diese moralisierende Bürgerin als Sozialistin bezeichnen»[169]), irrig. George Sand, die Autodidaktin, die als Frau nicht – wie die meisten ihrer republikanischen Freunde – studieren konnte, war seit jeher eine Verfechterin revolutionärer Ideen. Auf der Suche nach einem, der ihr die politischen und ökonomischen Systeme erklären könnte, stieß sie auf Leroux, und er erfüllte gern die Aufgabe des Lehrenden.

1841 gründete George Sand zusammen mit Leroux und dem Schriftsteller Louis Viardot die «Revue Indépendante». Diese Zeitschriftengründung kam ihr sehr gelegen. Sie hatte sich nämlich mit ihrem Verleger, François Buloz, überworfen. Buloz, der in seiner «Revue des Deux Mondes» zahlreiche Erzählungen, Novellen, Artikel, Theaterstücke, Reiseberichte und 35 Romane von George Sand vorabdruckte, wünschte – je etablierter und königstreuer er wurde – desto mehr, daß sie die «Tendenz» ihrer Romane ändere.

Für George Sand, die Republikanerin, war jeder König, auch wenn er

Pierre Leroux.
Zeichnung von Maurice Sand

sich «Bürgerkönig» nannte, ein Tyrann. Sie machte Arbeiter und Handwerker zu Helden ihrer Romane. Das Bürgertum ließ sie kalt. *Sie wollen*, schrieb sie an Buloz, *daß ich von der Bourgeoisie spreche und daß ich nicht sage, daß sie dumm und ungerecht ist; daß ich von der Gesellschaft spreche und daß ich sie nicht widersinnig und mitleidlos finde ...* [170] Auf Buloz' Vorhaltungen hin, sie möge keine sozialkritischen Bücher schreiben, sondern sich dem Publikumsgeschmack anpassen, erwiderte sie: *Ich habe niemals gearbeitet, um Ihre Abonnenten zu erfreuen. Ich habe gearbeitet, um mein Leben zu fristen, wobei ich niemals eine Zeile gegen meine Überzeugung geschrieben habe. Ob meine Werke Ihren Abonnenten gefallen, interessiert mich nicht.* [171] Im selben Brief beharrte sie darauf, immer schon sozialkritisch gewesen zu sein: *Lesen Sie doch zwei oder drei Seiten aus «Jacques» oder «Mauprat» – in all meinen Büchern bis zu den unschuldigsten, bis hin zu «Les Mosaistes» und «La dernière Aldini», werden Sie eine immerwährende Gegnerschaft zu Ihren Bürgern, zu Ihren bedächtigen Herren, zu Ihrer Regierung, zu Ihrer sozialen Ungerechtigkeit erkennen und eine unverbrüchliche Sympathie für die Menschen aus dem Volk.* [172] Sie will die «Tendenz» ihrer Romane nicht ändern: *Sie wollen mir beweisen, daß mich das in Verruf bringt, mich ruiniert, mich zugrunde richtet. Doch in diesem Punkt bin ich dickköpfig und werde mich frohen Herzens ruinieren, solange ich meine Überzeugungen äußern kann.* [173] Sie kündigte Buloz an, daß es im zweiten Teil des Manuskripts von *Horace* keine einzige politische Handlung geben werde und daß sie daher annehme, daß er keine Änderungswünsche habe. *Aber der dritte Teil wird Sie in Verzweiflung stürzen. Meine Helden werden sich im Kloster Saint Merry schlagen. Und sonderbar und wunderbar! Beide – Proletarier der eine, republikanischer Student der andere – werden nicht für das Königtum kämpfen!* [174] Zwischen Sand und Buloz kam es daraufhin zum Zerwürfnis, das fünfzehn Jahre, von 1842 bis 1857, dauerte. Der Roman *Horace* wurde in der oben erwähnten «Revue Indépendante» in Fortsetzungen abgedruckt. Er spielt in den dreißiger Jahren des 19. Jahrhunderts im revolutionären Paris mit seinen zahlreichen republikanischen Aufständen und seinen Erhebungen antiroyalistisch gesinnter Legitimisten. Ein so zeitkritischer und aktueller Satz wie der folgende konnte Buloz nicht gefallen: *Wenn die Jugend den Mut und die Größe ihres Herzens nicht anders kundtun kann als durch Angriffe auf die Gesellschaft, dann muß es um diese Gesellschaft sehr übel bestellt sein.* [175]

Zuvor hatte er schon Anstoß an ihrem Buch *Le Compagnon du tour de France* genommen. George Sand hatte das Buch des Tischlergesellen Agricol Perdiguier über die traditionellen Frankreich-Wanderungen der Handwerksgesellen gelesen und diesen Arbeiterschriftsteller interviewt – wie wir heute sagen würden.

Einerseits schreckte Buloz, daß die Welt der Arbeiter eine zentrale Rolle in dem Buch spielte und der Held Pierre Huguenin nur Zimmermann war; andererseits mißfiel ihm der Gebrauch des Wortes «Kommunismus», das George Sand möglicherweise als erste in die Literatur einführte.[176]

Dabei interpretierte sie den Begriff Kommunismus immer sehr eigenwillig: *Ich bin Kommunist, wie man im Jahre 50 unserer Zeitrechnung Christ war. Es ist für mich das Ideal der im Fortschritt begriffenen Gesellschaft, die Religion, die in einigen Jahrhunderten anerkannt sein wird. Ich kann mir also keine der gegenwärtigen Bestimmungen des Begriffs Kommunismus zu eigen machen, denn all diese Varianten sind ziemlich diktatorisch und glauben, sich ohne Rücksicht auf bestehende Sitten, Gewohnheiten und Überzeugungen durchsetzen zu können. Aber keine Religion setzt sich gewaltsam durch.*[177]

Aktualitätsbezogener äußerte sich George Sand in der von dem revolutionären Literaten Étienne-Joseph-Théophile Thoré im Jahre 1848 gegründeten Zeitschrift «La Vraie République», die nur wenige Monate existierte. In der Ausgabe vom 7. Mai 1848 hieß es in dem von ihr verfaßten politischen Wochenbericht: *Wenn man unter Kommunismus eine Verschwörung versteht, die darauf abzielt, einen Staatsstreich zu unternehmen, um eine Diktatur zu errichten ... dann sind wir keine Kommunisten ... Versteht man aber unter Kommunismus das Verlangen und den Willen, daß mit Hilfe aller gesetzlichen Mittel die empörende Ungleichheit zwischen außergewöhnlichem Reichtum und außergewöhnlicher Armut sofort verschwinden soll, um einem Beginn wahrhafter Gleichheit Platz zu machen – ja, dann sind wir Kommunisten.*[178]

Kommunismus und Sozialismus bedeuteten für sie nicht so sehr ein ökonomisches oder politisches System als vielmehr eine moralische Einstellung, eine Geisteshaltung, eine neue Glaubenslehre. Voller Optimismus und Idealismus kämpfte sie für einen humanen Staat, in dem allen Menschen gleiche Rechte zustehen sollten. Aber nicht nur in ihren Büchern kam ihre sozialkritische Einstellung zum Ausdruck. Auch in ihrem privaten und gesellschaftlichen Leben handelte sie für eine Frau des 19. Jahrhunderts ungewöhnlich selbständig und kritisch. Sie hatte eine ganze Reihe von proletarischen Freunden – unter anderen den Weber Marie-Éléonore Magu, den Maurer Charles Poncy, den Schmied Jérôme-Pierre Gilland, den Tischlergesellen Agricol Perdiguier –, die sie alle zum Schreiben ermunterte und für deren Gedichtbände sie Vorworte schrieb. Sie unterstützte diese Arbeiterschriftsteller und ihre Familien moralisch und finanziell und hatte zu ihnen so freundschaftliche und persönliche Beziehungen wie zu ihren adeligen oder bürgerlichen Freunden. Die umfangreichen Briefwechsel bezeugen das. Ihr stets mitleidendes Herz war von starkem Gerechtigkeitssinn geprägt. *In diesen elenden Zeiten*, schrieb sie an ihren Sohn Maurice, *machen wir lieber den Armen ein schönes Geschenk, als daß wir Leute, die es gar nicht nötig haben, mit Wein und Essen vollstopfen.*[179]

Agricol Perdiguier.
Zeichnung von Honoré Daumier

Ihr Wunsch, sich an der Schaffung einer neuen, gerechten und humaneren Gesellschaft zu beteiligen, führte dazu, daß sie sich aktiv am revolutionären Geschehen von 1848 beteiligte. Obgleich ihr tatenreiches und intensives Engagement durch ihre zahlreichen Briefe dokumentiert wird, die versehen mit zuverlässigen und kenntnisreichen Anmerkungen seit 1966 von Georges Lubin herausgegeben werden, und obgleich in vielen Schriften auf die bedeutende Rolle George Sands während der Revolution von 1848 hingewiesen wurde, geistert bis heute – auch in den Köpfen anerkannter Literaturwissenschaftler – das Vorurteil herum, George Sand sei eine große Heuchlerin, sei verlogen gewesen. Der Literarhistoriker Hans Mayer schreibt, George Sands «Verhalten während der Revolution weist alle Momente der Halbheit, der Halbherzigkeit, eines Dilettantismus auf, der sich mit den Akteuren Ledru-Rollin oder Barbès abgibt, im Grunde jedoch unbeteiligt zusieht»[180]. Ein hartes Urteil, das von ihm nicht begründet wird.

Als Ende Februar 1848 die Revolution ausbrach, reiste George Sand sogleich nach Paris. Sie arbeitete eng mit den Mitgliedern der provisorischen Regierung zusammen: so mit Louis Blanc, der nach Ausbruch der Februar-Revolution die Errichtung eines Regierungskomitees für die Arbeiter durchsetzte; mit Alexandre-Auguste Ledru-Rollin, dem Frankreich die Einführung des allgemeinen Stimmrechts verdankt und der sie beauftragte, das «Bulletin der Republik» zu redigieren; mit dem Revolutionär Armand Barbès, der durch die Februar-Revolution aus der Haft befreit worden war (er war wegen führender Beteiligung an einem Aufstand im Jahre 1839 zum Tode verurteilt worden, eine Strafe, die dann in lebenslange Haft umgewandelt wurde); mit Emmanuel Arago, der von der provisorischen Regierung als Oberkommissar nach Lyon geschickt wurde, wo er Geld für den Unterhalt der neu errichteten Nationalwerkstätten auftrieb; oder auch mit dem Dichter Alphonse de Lamartine, der den Vorsitz der provisorischen Regierung innehatte, zu dem George Sand aber stets in einem distanzierten Verhältnis stand.

Nach den ersten Aufständen in Paris zog ein riesiger Trauerzug von Menschen durch die Stadt, den George Sand vom Amtssitz des gestürzten Ministers Guizot aus beobachtete. An ihre Adoptivtochter Augustine Brault schrieb sie darüber:

Ich habe heute morgen den Trauerzug von Guizots Fenster aus vorbeiziehen sehen, als ich mich mit Lamartine unterhielt. Er (der Zug) *war schön, einfach und ergreifend. 400 000 Menschen, die – dichtgedrängt – von der*

Alphonse de Lamartine

Madeleine zur Juli-Säule zogen; kein Gendarm, kein Polizist und doch soviel Ordnung, Anstand, Besonnenheit und gegenseitige Höflichkeit, daß kein Fuß verstaucht, kein Hut verbeult wurde. Er war wunderbar. Das Volk von Paris ist das erste unter den Völkern der Welt.[181]

In zahlreichen Veröffentlichungen unterstützte sie die Kandidaturen sozialistischer Republikaner. Sie setzte sich dafür ein, daß Männer aus dem Volk, Arbeiter und Bauern, in die Nationalversammlung gewählt würden. An zahlreichen Kundgebungen und Demonstrationen nahm sie teil. Begeistert schrieb sie Anfang März an Charles Poncy:

Es lebe die Republik! Welch ein Traum, welche Begeisterung und gleichzeitig welche Haltung, welche Ordnung in Paris! Ich komme soeben von dort, ich bin hingeeilt, vor mir öffneten sich die letzten Barrikaden. Ich habe das Volk gesehen, groß, erhaben, aufrichtig, weitherzig – das Volk von Frankreich, vereint im Herzen Frankreichs, im Herzen der Welt, das wunderbarste Volk des Universums. Ich habe Nächte ohne Schlaf, Tage ohne Rast verbracht. Wir sind verrückt, wir sind berauscht vor Freude darüber, daß wir, im Schlamm eingeschlafen, zwischen den Sternen erwachen . . . Die Republik ist erobert, sie ist gesichert, wir würden lieber alle sterben, als sie wieder preiszugeben.[182]

Der Sturz des Bürgerkönigtums, die sofortige Errichtung der II. Republik, die Einführung des allgemeinen Wahlrechts, der Bau von Nationalwerkstätten zur Beseitigung der Arbeitslosigkeit – solche radikal wirkenden Maßnahmen machten den Bürgern und Bauern aber Angst. Bei den Wahlen am 23. April führte das neue allgemeine Wahlrecht dazu, daß die konservative Provinz über das fortschrittliche Paris siegte. George Sand mußte die von ihr gegründete Zeitschrift «La Cause du peuple» Ende April nach drei Nummern einstellen.[183]

Am 15. Mai brach ein von George Sand vorausgesehener Aufstand aus, durch den Neuwahlen erzwungen werden sollten. Angeführt von Louis-Auguste Blanqui, Louis Blanc und Armand Barbès versuchten die Arbeiter von Paris, die Nationalversammlung zu sprengen. Aber die Nationalgarde schlug den Aufstand nieder. Barbès, Blanqui, Leroux und andere sozialistische Führer wurden verhaftet. George Sand wurde für den Aufstand mitverantwortlich gemacht, weil sie im Regierungsbulletin geschrieben hatte, das Volk habe das Recht, die Republik zu verteidigen, und sei es gegen die Nationalversammlung: *Wenn die Wahlen der sozialen Wahrheit nicht zum Siege verhelfen, wenn sie ein der vertrauensvollen Loyalität des Volkes entrissener Ausdruck der Interessen einer Klasse sind, dann werden die Wahlen, die das Heil der Republik sein sollten, zweifellos deren Untergang herbeiführen. Dann würde es für das Volk, das Barrikaden errichtet hat, nur eine Rettungsmöglichkeit geben: es müßte ein zweites Mal seinem Willen Ausdruck verleihen und die Entscheidungen einer falschen Nationalvertretung aussetzen. Wird Frankreich Paris zwingen, zu diesem äußersten und beklagenswerten Mittel seine Zuflucht zu nehmen?*[184]

Diese Passage wurde als Aufruf zum Aufruhr gewertet. George Sand rechnete mit einer Hausdurchsuchung und mit ihrer Verhaftung. Um niemanden zu verraten, verbrannte sie alle Papiere und Teile ihres Tagebuchs. Damit man ihr nicht den Vorwurf mache, sie sei geflohen, wartete sie zwei Tage in Paris – erstaunt, daß sie nicht verhaftet wurde. Dann erst fuhr sie nach Nohant.

Als im Juni die erst im April gegründeten Nationalwerkstätten aufgelöst und die arbeitslos gewordenen Arbeiter in die Provinz geschickt wurden, kam es zu jenen furchtbaren, blutigen Auseinandersetzungen zwischen Volksmenge und Nationalgarde, in deren Verlauf 10 000 Arbeiter getötet und Tausende in Gefängnisse gesteckt oder deportiert wurden. Wer der Verhaftung entging, flüchtete ins ausländische Exil, vor allem nach England.

Durch die neue Verfassung wurde ein parlamentarisches Regime errichtet, bei dem die Rechte der Arbeiter, insbesondere das Recht auf Arbeit, rückgängig gemacht worden waren; an die Spitze der Exekutive wurde Prinz Louis-Napoléon Bonaparte gewählt.

Noch zwei Jahre später schrieb George Sand an einen ihrer Verleger, die Juni-Tage von 1848 hätten ihr einen Schlag versetzt, von dem sie sich nicht erholt habe. Seit der Zeit sei sie eine Menschenfeindin.[185] Sie beklagte zutiefst das Ende des *schönen Traums einer brüderlichen Republik*[186]. Anders als in ihren Briefen, in denen sie sich voll Schmerz und Trauer über die Niederschlagung der Revolution äußerte, spricht sie in ihrer Autobiographie mit Bitterkeit über die Ereignisse: *Im Juni 1848, nach diesen furchtbaren Tagen, in denen die Republik getötet worden war, indem man ihre Kinder gegeneinander bewaffnete und zwischen den beiden revolutionären Kräften, dem Volk und der Bourgeoisie, einen Graben aufriß, der vielleicht in zwanzig Jahren noch nicht wieder geschlossen sein wird, war ich in Nohant, bedroht von feigen Haßausbrüchen und der einfältigen Angst der Provinz.*[187]

In einem Brief an Charlotte Marliani ließ sie sich näher über die törichten Provinzler aus: *Ich muß hier durch meine Anwesenheit eine beachtliche Bande von Dummköpfen aus La Châtre in Schach halten, die täglich damit drohen, mein Haus anzuzünden. Sie sind keineswegs mutig, weder körperlich noch moralisch, und wenn sie hier vorbeikommen, gehe ich geradewegs auf sie zu; dann ziehen sie den Hut vor mir. Doch sobald sie ein Stück entfernt sind, werden sie wieder wagemutig und schreien: «Nieder mit den Kommunisten!» ... Sie wollten mir angst machen. Sie behaupteten, während der Geschehnisse in Paris hätte ich bei mir Ledru-Rollin, 200 Kommunisten und 400 Gewehre versteckt.*[188]

Trotz dieser Mißhelligkeiten, trotz Krankheit und privatem Ärger, blieb George Sand tätig. Sie schrieb an Louis-Napoléon Bonaparte Bittgesuche, bat um eine baldige Amnestie:

Prinz, meine Familie ist in alle Winde zerstreut. Die Freunde meiner

George Sand. Stahlstich von Weger nach einem Foto, um 1850

Kindheit und meines Alters liegen im Kerker oder leben im Exil. Ihr laßt jene Eure Unnachsichtigkeit und Härte fühlen, die sich als republikanische Sozialisten bezeichneten ... Genug, genug, Sieger! Verschont die Starken wie die Schwachen. Verschont die Frauen, die weinen, und die Männer, die nicht weinen. Seid milde und menschlich, denn danach verlangt Ihr im Grunde. Ach Prinz, das Wort Deportation, diese geheimnisvolle Qual, dieses endlose Exil unter unbekanntem Himmel – das habt nicht Ihr erfunden. Wenn Ihr wüßtet, in welche Bestürzung es die friedlichsten Provinzen und ganz und gar unbeteiligte Menschen versetzt ...

Zweifellos vermag die Politik Großartiges zu schaffen, aber nur das Herz vollbringt Wunder ... Hören Sie auf den Menschen in sich ... Amnestie, Amnestie – bald, mein Prinz![189]

Sie suchte Louis-Napoléon auf, um all jene zu retten, die noch zu retten waren. Sie verhandelte mit den Gouverneuren der Strafkolonien und mit den Generalen, denen die Gefängnisse unterstanden, um Freiheit für ihre Freunde, aber auch für ihr gänzlich unbekannte Menschen zu erlangen, von deren Unglück sie gehört hatte.[190] Sie schickte Geld an bedürftige Familien von Exilierten und korrespondierte eifrig mit verbannten Freunden.

Für ihre zahlreichen Bittgesuche und Rettungsaktionen erntete sie allerdings nicht nur Dank. Begnadigungen, die sie für Verurteilte und Exilierte erreichte, wurden von einigen stolz abgelehnt. So weigerte sich ihr alter Freund Alphonse Fleury, einen Paß zu benutzen, den sie ihm ins belgische Exil schickte. Und Marc Dufraisse, den George Sand im Gefängnis aufsuchte und für den sie eine Milderung des Urteils erwirkte, so daß er nicht deportiert wurde, sondern ins belgische Exil ausweichen konnte, machte ihr sogar den Vorwurf, sie baue zu sehr auf Louis-Napoléon.[191] Für diese Art von Märtyrertum hatte sie wenig Verständnis.

Das bedeutete aber nicht, daß sie bereit gewesen wäre, ihre eigenen Überzeugungen aufzugeben und die – wie sie es nannte – *falsche und unheilvolle Idee* eines Louis-Napoléon zu akzeptieren, *daß der Zweck die Mittel heilige.*[192] Sie nutzte nur die Beziehungen, die zu einer Zeit entstanden waren, als sie noch ein günstiges Urteil über ihn haben konnte. 1840 war Louis-Napoléon nach einem mißlungenen Putschversuch zu lebenslanger Haft verurteilt worden, aus der er 1846 nach England fliehen konnte. Von der Festung Ham aus, wo er seine Haftstrafe verbüßte, korrespondierte er mit George Sand, wobei er recht fortschrittliche Ideen äußerte. Als Louis-Napoléon Ende 1848 mit fünfeinhalb Millionen Stimmen gegen eineinhalb Millionen Stimmen zum Präsidenten gewählt wurde, war George Sand über die Wahl enttäuscht, fand aber, ein Anfang zu einer besseren Entwicklung sei gemacht, da das Volk erstmals selbst den Präsidenten bestätigt hatte und dieser ihm nicht einfach vorgesetzt worden sei. Es verbitterte sie allerdings, daß Louis-Napoléon nach seinem Staatsstreich im Dezember 1851 auf zehn Jahre zum Präsidenten gewählt wurde. Als er sich dann 1852 zum Kaiser der Franzosen proklamieren und in einem Plebiszit die Zustimmung der Nation geben ließ, als also aus der II. Republik eine absolute Monarchie wurde, brach sie alle Beziehungen zu ihm ab und wies auch alle Ehrungen des II. Kaiserreichs von sich. Sie, die den russischen Revolutionär Michail Bakunin verehrte, fühlte sich von dem napoleonischen Cäsarismus – auch wenn er plebiszitär war – angewidert.

1848 schrieb Bakunin, der den Befehl erhalten hatte, Paris und Frankreich zu verlassen, weil er die «Ordnung und den öffentlichen Frieden»

Michail A. Bakunin. Stich von W. Barbotin

gestört habe, sogleich an George Sand, um ihr für ihr «immer wieder bezeugtes Wohlwollen und ihre Güte» zu danken. «Halten Sie ein wenig jenen Mann im Gedächtnis», fuhr er fort, «der Sie verehrte, noch bevor er Sie persönlich kannte, denn Sie waren oft und in den traurigsten Augenblicken seines Lebens eine Tröstung und ein Licht.»[193] Sie antwortete ihm, daß sie in den Zeitungen Artikel von ihm gelesen habe, die *jenen Gefühlen Ausdruck verleihen, die ich mit Ihnen teile, seit ich lebe*[194].

Sie half aber nicht nur moralisch und finanziell ihren Freunden, von denen viele im belgischen oder englischen Exil lebten, sondern auch anderen Menschen. In London waren die Emigranten all der Länder versammelt, in denen es 1848 zu revolutionären Erhebungen gekommen war: Revolutionäre aus Rußland und Ungarn, Italien, Deutschland und Frankreich lebten dort in der Verbannung. Einige der Exilierten kannten George Sand persönlich, so Louis Blanc, Giuseppe Mazzini oder Hermann Müller-Strübing. Müller-Strübing war nach den Unruhen 1848 in Deutschland zum Tode verurteilt worden. Er floh nach Frankreich, wo George Sand ihn mehrere Monate in Nohant beherbergte. 1852 mußte er Frankreich verlassen. In London bat ihn sein Freund, der russische Philosoph und revolutionäre Schriftsteller Alexander Herzen, George Sand einen Brief zu übermitteln, in dem er sein unglückliches Leben schilderte:

sein Sohn war bei einem Schiffbruch ums Leben gekommen, seine Frau, «verführt» von dem Dichter Georg Herwegh, war zwar zu ihm zurückgekehrt, starb aber nach der Geburt eines toten Kindes. «Sie muß diese Geschichte kennen», schrieb Herzen an Müller-Strübing, «sie, die die revolutionäre Idee der Frau verkörpert ... Als Sozialist und Revolutionär wende ich mich ausschließlich an unsere Brüder. Die Meinung anderer ist mir gleichgültig. Von daher verstehst Du, daß George Sands Meinung einen unglaublichen Wert für mich hat.»[195] Auf Grund der Lektüre von *Horace* war Herzen der Überzeugung, George Sand könne ihn verstehen und ihm raten. Sie war inzwischen so bekannt, daß viele um ihr Urteil baten oder einfach darum, sie kennenzulernen.

So wünschte die englische Schriftstellerin Elizabeth Barrett Browning, die George Sand sehr bewunderte und die ihr zwei Sonette gewidmet hatte, die Bekanntschaft von George Sand zu machen. Giuseppe Mazzini hatte ihr ein Empfehlungsschreiben mitgegeben. Das erste Zusammentreffen, das für den Dezember 1851 geplant war, scheiterte, weil George Sand Paris nach dem Staatsstreich Louis-Napoléons überstürzt verließ. Aber im Februar und März 1852 besuchte das Schriftsteller-Ehepaar Browning George Sand.

Charles Baudelaire.
Selbstporträt

Jules Michelet, der französische Historiker, schickte ihr seine Bücher, um ihr Urteil zu erfahren. Sie schätzte ihn sehr wegen seiner demokratischen und republikanischen Gesinnung und nannte sich ihm gegenüber einen seiner *aufmerksamsten und treuesten Leser*[196]; dennoch schrieb sie ihm: *Ich bin Utopistin, und Sie sind ein Reformator – das sind verschiedene Geisteshaltungen … Sie wollen die Kirche reformieren und den Priester auswechseln; ich aber wünsche weder Priester noch diese Kirche.*[197] Sie versuchte ihn zu verstehen und lud ihn auch nach Nohant ein – ein Besuch, der ihre gegenseitige Achtung und Zuneigung steigerte.

Charles Baudelaire bat sie darum, die Wiedereinstellung seiner Geliebten Marie Daubrun bei einem Theaterdirektor zu erreichen. Als George Sand das nicht gelang, wurde aus seiner Bewunderung für sie Verachtung.[198] Kritiker George Sands zitieren gern Baudelaires abschätzige Bemerkungen über sie, ohne die unerfreulichen Motive für sein extremes Urteil zu berücksichtigen.[199]

Neben den vielfältigen Hilfsaktionen, die sie für Freunde unternahm, kümmerte sie sich um ihr Gut und ihr großes Haus, das renoviert werden mußte, und schrieb Nacht für Nacht ihr Pensum an Seiten. Außer den sogenannten sozialistischen Romanen entstanden in den vierziger und fünfziger Jahren die «romans champêtres», die Bauernromane, von denen es im allgemeinen, zum Beispiel im Brockhaus-Konversationslexikon, heißt, sie seien ihre «Meisterwerke». In diesen Dorfromanen erwies sich George Sand wieder ganz als Anhängerin Rousseaus, die an die angeborene Güte des Menschen, an seine natürlichen, das heißt guten Fähigkeiten glaubte, das Dogma der Erbsünde verwarf und das Recht der fühlenden Seele verkündete, die sich erschüttern läßt.

Das Alter

Nach dem Staatsstreich Louis-Napoléons schrieb George Sand keine sozialistischen Romane mehr.[200] Das war im II. Kaiserreich unter Napoleon III. auch schwerlich möglich. «Die Presse verlor das bißchen ‹Freiheit›, das sie noch genoß ... Die literarische Presse verschwand und wurde durch eine Klatschpresse abgelöst ... Die Schriftsteller, die ihre ‹Würde› nicht verlieren wollten, hielten sich davon fern ... Kaiser Napoleon III. beglückwünschte die moralischen Schriftsteller durch kurze Handschreiben ... Die Goncourts, Flaubert und Baudelaire erkannten das Risiko 1857: die Moral rächte sich – man machte ihnen Prozesse.»[201]

Auch George Sand «hielt sich fern». Sie bekam – da sie den Staatsstreich Napoleons verurteilte – natürlich kein Handschreiben des Kaisers. Doch hatte sie bereits Ende der vierziger Jahre, als sie einen Teil ihrer bürgerlichen Leserschaft wegen des politischen Inhalts ihrer Bücher verlor, begriffen, daß sie die Themen wechseln mußte, wenn sie mit Schreiben Geld verdienen wollte. Und zur Deckung ihres großzügigen Lebensstils brauchte sie viel Geld. Ihr ungeheurer Arbeitseinsatz kann nur mit dem von Honoré de Balzac und dem älteren Alexandre Dumas verglichen werden – den Vielschreibern Frankreichs im 19. Jahrhundert. Sie gehörte aber auch zu den bestbezahlten Autoren ihrer Epoche. In der Mehrfachverwertung ihrer Werke war sie überaus geschickt. Ihre Romane erschienen zunächst fortlaufend in Zeitschriften, wofür sie doppelt bis dreifach soviel erhielt wie für die gebundene Ausgabe, dann als Buch und schließlich in wenig veränderter Form als Bühnenstück. Das bot sich geradezu an, weil der Dialoganteil in ihren Romanen manchmal ebenso umfangreich war wie die erzählenden Partien.

Mit den Bauernromanen *La Mare au diable* (*Der Teufelssumpf*), *François le Champi* (*Franz der Champi*), *La petite Fadette* (*Die kleine Fadette*) und *Les maîtres sonneurs* (*Die Musikanten-Zunft*) hatte George Sand den Geschmack eines breiten Publikums getroffen. In ihrem unmittelbaren, anschaulichen, lebendigen Stil entwarf sie ideale Gestalten von armen und guten Menschen: eine liebenswerte, ländliche Idylle, in der das Wahre und Gute siegte. In einem Essay über die Freundschaft zwischen George Sand und Gustave Flaubert schrieb Heinrich Mann über diese Schaffensperiode George Sands: Sie «gelangt zum Frieden und zum Idyll, zu den bescheidenen, wohltuenden Reizen von *La Mare au Diable*. Man fühlt sich im Herzen der Natur, verspürt eine Intimität mit ihr, die, wie bei Lafontaine, nur dem Entwöhnten nach Fabel aussieht ... Das Land ist echt, und echt sind die Seelen. Nur die Kleider sind ausgelüftet. Die Natur duftet, der Bauer ist geruchlos. In seine dialektfreie Sprache ist hier und da ein Wort in Kursivschrift eingefügt, das wohlerzogenen Schäfern zu sagen scheint: ‹Mich dürft ihr anwenden›. Denn schließlich ist dies alles eine Schäferei für Städter, die wieder einmal zur Natur zurücksollen.»[202]

George Sand hatte versucht, den berrichonnischen Dialekt in die Literatur einzuführen. Sie berichtete über heidnische Feste, ländliche Sitten und Bräuche, bäuerlichen Aberglauben, nahm in ihre Bücher alte Lieder, Legenden und Märchen auf und sammelte überlieferte Geschichten von Hexen und bösen und guten Geistern. Aber auch in diesen Büchern fehlte nicht ihr soziales Engagement. So schilderte sie die Schicksale unehelicher und ausgebeuteter Waisenkinder auf dem Land – ein damals höchst aktuelles Thema – und immer wieder das Leben von Menschen, deren Entwicklungschancen durch Armut behindert wurden und die nach gesellschaftlicher Gleichberechtigung strebten. Man könnte die ländlichen Erzählungen als sozialkritische Idyllen bezeichnen.

Ihre Abwendung von politischen Themen war halb freiwillig, halb unfreiwillig geschehen. Ihre Verleger verlangten von ihr, sie solle nicht mehr über *politische, gesellschaftliche oder religiöse Stoffe*[203] schreiben. Sie ging darauf ein, übte also eine Art Selbstzensur. An den jüngeren, aber sehr nahen Freund Émile Aucante schrieb sie: *Ich habe viel gearbeitet und falle um vor Müdigkeit. Alles, was in mir war, habe ich gesagt, auf eigene Gefahr und zu meinen Lasten, in einer langen Folge von Romanen, die unter das Volk zu bringen die Verleger weder fähig noch geneigt waren. Ich habe die wohlhabenden Bürger verletzt, die mich lasen; die einfachen Menschen des Volks aber, die mich nicht lesen konnten, habe ich nicht unterwiesen.*[204]

George Sand war sich darüber klar, daß sie diejenigen, die sie beeinflussen wollte, nicht erreicht hatte. Sie entschloß sich, eine Volksausgabe ihres Werks zu einem für fast alle erschwinglichen Preis herauszugeben. Aber ihre Tatkraft wich auch manchmal einer Resignation, deren Grund eben in den politischen Enttäuschungen lag. Als Giuseppe Mazzini ihr schrieb, daß es ihn «tief schmerzte», daß sie resigniere und auch die «leiseste Anspielung auf unsere heiligen Ideen, unsere heiligen Überzeugungen»[205] vermeide, antwortete sie, daß sie Gründe zur Resignation habe und auch nicht frei an ihn schreiben könne, da alle Briefe geöffnet und mit Bemerkungen versehen würden.[206] An Pierre-Jules Hetzel, den Freund und Verleger, schickte sie Briefe ins belgische Exil, auf denen nicht mehr die Initialen G. S. (für George Sand) als Absender standen, sondern die weniger bekannten A. D. (für Aurore Dupin). Sie redete ihn mit *liebe Freundin* an, sprach von sich als seiner *Tante*, von Hetzel selber als dem

Cousin, und versicherte ihm, daß sich seine Tante für die *fortdauernde Bewegung* einsetze, womit sie die Generalamnestie meinte.[207]

Sie reduzierte die Themen ihrer Romane aber nicht nur auf die Lokalgeschichte und Folklore des Berry, sondern kam immer und immer wieder auf Dinge zu sprechen, die zu ihren Lieblingsbeschäftigungen gehörten: der Umgang mit der Kunst, besonders der Musik, mit Botanik, Geologie und Landschaftskunde. Alles, was sie aufnahm – und sie blieb bis an ihr Lebensende wissensdurstig und neugierig –, vermittelte sie weiter, begeistert, von erfrischender Unmittelbarkeit und auf oft bezaubernde Weise.

In den fünfziger und sechziger Jahren schrieb sie eine ganze Reihe von Bühnenstücken, mit denen sie Erfolg hatte. 1840 war ihr erstes Theaterstück, *Cosima*, durchgefallen, obgleich Marie Dorval die Hauptrolle gespielt hatte. Aber mit den Stücken *François le Champi*, *Claudie* und besonders mit *Le Marquis de Villemer* im Jahre 1864 hatte sie großen Erfolg. Ihre Begeisterung für das Theater wurde durch die Errichtung eines Marionettentheaters in Nohant noch verstärkt.

Wir führen hier ein Komödiantenleben, schrieb sie an ihre Freundin, die Sängerin Pauline Viardot. *Nohant ist nicht mehr Nohant, sondern ein Theater. Meine Kinder sind keine Kinder mehr, sondern Schauspieler. Mein Tintenfaß ist nun kein Brunnen für Romane mehr, sondern eine Zisterne für Theaterstücke. Und ich bin nicht mehr Mme. Sand, sondern spiele die Hauptrolle bei den älteren Figuren.*[208] Maurice, der Sohn George Sands, hatte in Nohant ein Marionettentheater eingerichtet, das von seiner Mutter ausgebaut und erweitert wurde. Für seine selbstgeschnitzten Figuren aus Holz nähte George Sand phantastische Kostüme. Begeistert berichtete sie ihrer Ziehtochter: *Dekorationen, Verwandlungen bei offener Bühne, perspektivische Prospekte, Paläste, Wälder, Transparente für Mondschein und Sonnenuntergänge, das alles ist wirklich sehr hübsch und voll gelungener Wirkungen ... Sie* (Maurice und ein Freund) *haben rund zwanzig Figuren, und zu zweit lassen sie diese ganze Kasperle-Welt auf die unterhaltsamste Weise sprechen und gestikulieren ... Gestern hatten wir eine glänzende Vorstellung. Ein Stück ... halb gesprochen, halb Pantomime, mit Überraschungseffekten, Teufeln und Knallfröschen in jeder Szene. Es waren sechzig Zuschauer anwesend. Es war ein ziemlicher Trubel, man schrie, man trampelte, und die Darsteller waren wie elektrisiert.*[209] George Sand benutzte dieses Theater, um die Stücke zu proben, die sie für die Pariser Bühne schrieb.

Sie spielte auch selber mit und liebte es, zusammen mit den anderen zu improvisieren. Sie überlegte, ob Schauspieler und Schriftsteller nicht identisch sein sollten und nahm damit eine Idee des living theatre vorweg. *Das Theater wird erst vollkommen sein, wenn diese beiden Berufe* (Autor und Akteur) *zu einem geworden sind, das heißt wenn derjenige, der fähig ist, eine schöne Rolle vorzustellen, diese auch wirklich erschaffen kann,*

Marionettenpuppen, von Maurice Sand gefertigt

indem er sich von seinem eigenen Empfinden inspirieren läßt und in sich selbst blitzschnell den richtigen Ausdruck für die dramatische Situation findet.[210]

Bei der Bearbeitung der Stücke waren ihr der Schauspieler Bocage, die Dramatiker Paul Meurice und Alexandre Dumas fils behilflich. Dumas schrieb auch freundliche Artikel über ihre Aufführungen. Bis zu George Sands Tod waren die Beziehungen zwischen ihr und Dumas fils von Zärtlichkeit, Zuneigung und Achtung geprägt. George Sand, die fast alle ihre Bücher einem ihrer Freunde widmete, widmete auch ihm ein Theaterstück und einen Roman.

Dumas war ein gern gesehener und häufiger Gast in Nohant. Er nannte George Sand «Mama» und sie ihn «mein Sohn».

Alexandre Dumas fils war vielleicht der einzige außer dem Adressaten, der George Sands Briefe an Chopin las. Als Chopins Schwester nach dessen Tod nach Polen zurückkehrte, übergab sie die Briefe einem Bekannten mit der Bitte, sie George Sand auszuhändigen. Sie befürchtete, Grenzbeamte könnten in den Papieren Chopins schnüffeln, sie möglicherweise beschlagnahmen. So gerieten die Briefe in Dumas' Hände, der sie George Sand übergeben sollte. Er gestand ihr, die Briefe gelesen zu haben, bevor er sie ihr schickte. George Sand antwortete – und das wirft ein bezeichnendes Licht auf ihre Beziehung zu Chopin – ... *so wissen Sie nun, welch mütterliche Zärtlichkeit neun Jahre lang mein Leben erfüllte* ...[211] Sie verbrannte dann alle Briefe – so wie sie auch eine ganze Reihe von Briefen anderer Personen an sie selber vernichtete.

In den fünfziger Jahren vollendete George Sand auch die noch heute sehr lesenwerte *Geschichte meines Lebens*. Sie schrieb und verkaufte ihre Memoiren hauptsächlich aus finanziellen Gründen. Um die Hochzeit ihrer Tochter mit dem verschuldeten Bildhauer Clésinger bezahlen und um ihrer Ziehtochter Augustine Brault eine Mitgift geben zu können, hatte sie selber ein Darlehen aufnehmen müssen. Ihre pekuniären Schwierig-

Maurice Sand
mit einer seiner Puppen

Alexandre Dumas fils

keiten suchte sie mit dem Vertrag über die umfangreiche Lebensgeschichte zu beheben. In ihrer Autobiographie schilderte sie nicht nur die Entwicklung eines Kindes und jungen Mädchens, das hin und her gerissen wird zwischen Glaube und Zweifel, Hoffnung und Mutlosigkeit, sondern auch die Sitten und Bräuche des 19. Jahrhunderts. Glück und Traurigkeit, Begeisterung, Überschwang und Verzweiflung wurden gemeinsam und intensiv erlebt. Zurückgezogenheit und Alleinsein waren Momente, die als wichtige, aber doch ausnahmsweise Erscheinungsformen respektiert wurden. Die trostlose Einsamkeit, die heutzutage viele Menschen im Leben, im Altern, im Tode überfällt, kommt in George Sands Biographie nicht vor. Die Brüder Edmond und Jules de Goncourt notierten über George Sands Memoiren: «Bewunderungswürdige Gemälde, unschätzbare Aufschlüsse über die Bildung der Imagination eines Schriftstellers, packende Charakterbeschreibungen, schlicht erzählte Szenen.»[212]

George Sands Leben war auch im Alter reich an freudigen Ereignissen und traurigen Schicksalsschlägen. Ihre Mutter und ihr Halbbruder, Marie Dorval, Frédéric Chopin, Honoré de Balzac, Charlotte Marliani und einige ihrer berrichonnischen Freunde waren gestorben. Sie trauerte, pflegte aber nicht ihren Schmerz. An Flaubert schrieb sie einmal: *Traurigkeit ist nicht ungesund – sie hindert uns, abzustumpfen.*[213]

Ihr Sohn hatte endlich geheiratet: Lina Calamatta, die Tochter eines italienischen Graveurs. Sie war für George Sand ein Quell der Freude, heiter, unbeschwert und sanft, ein Ersatz für die eigene, egoistische und luxuriös lebende Tochter Solange. Solange hatte sich von ihrem Mann getrennt. Der Tod der beiden Töchter Solanges, insbesondere der sechsjährigen Nini, ging George Sand sehr nah, ebenso wie der des kleinen Sohnes von Maurice. Seine Töchter aber brachten Leben und Freude in ihr Alter, insbesondere die Enkelin Aurore, die erst 1961 – im Alter von 95 Jahren – starb, und die dazu beitrug, daß das Landgut in Nohant heute ein George Sand-Museum ist.

Außerdem war George Sand aber auch im Alter nicht ohne Geliebten. Fünfzehn Jahre lang – bis zu seinem Tod im Jahre 1865 – war Alexandre-Damien Manceau George Sands Lebensgefährte. Er war Graveur und Bildhauer, verrichtete in Nohant aber auch die Tätigkeiten eines Sekretärs. George Sand vertraute ihm viele ihrer privaten und beruflichen Angelegenheiten an. Er hatte alle Eigenschaften eines für sie idealen Gelieb-

George Sands Schwiegertochter Lina Calamatta,
gezeichnet von Joséphine Calamatta

ten: er war treu und anhänglich, ergeben und herzensgut, und bewunderte sie aufrichtig. *Er liebt, er liebt*, schrieb sie an ihren Verleger-Freund Pierre-Jules Hetzel, *wie ich es noch bei keinem erlebt habe.*[214] Häufig fuhr sie mit ihm für einige Tage oder auch Wochen nach Gargilesse, einem kleinen pittoresken Ort im malerischen Creuse-Tal, wo Manceau ein kleines Haus für sie erstanden hatte. Gargilesse und seine landschaftlich schöne Umgebung dienten George Sand als Rahmen für mehrere ihrer Romane. Als sie 1864 das Landgut Nohant ihrem auf Manceau eifersüchtigen Sohn Maurice und seiner Frau Lina überließ, zog sie sich zusammen mit Manceau in ein kleines Anwesen in Palaiseau nahe bei Paris zurück, wo Manceau – Tag und Nacht von seiner mütterlichen Geliebten gepflegt – an Tuberkulose starb. Er war erst 48 Jahre alt. George Sand war bekümmert und niedergeschlagen und trauerte tief um den verstorbenen Freund.

Ihr stets ungezähmtes Bedürfnis, unabhängig zu sein, korrespondierte einem genauso ausgeprägten Bedürfnis, mit einem anderen Wesen eng verbunden zu sein. So hatte sie auch nach Manceaus Tod wieder einen

Die Enkelin Aurore. Pastell von Lauth

Alexandre-Damien Manceau.
Bleistiftzeichnung von Auguste Lehmann

Geliebten. Den Höhepunkt ihres Ruhms hatte sie überschritten. Aber der Ruhm hatte ihr stets nur als Mittel zum Zweck gedient, um anderen zu helfen. Sie war nie eitel gewesen. Im Alter war sie weder einsam noch vergessen. Sie war bescheiden und begnügte sich mit der Zuneigung und Anteilnahme weniger guter Freunde.

Der berühmte Altersfreund dieser leidenschaftlichen Frau war Gustave Flaubert. George Sand machte seine Bekanntschaft, nachdem er wegen seines Romans «Madame Bovary» in einen Prozeß verwickelt und mit seinem nächsten Buch «Salambô» bei Kritikern und beim Publikum auf Unverständnis gestoßen war, in einer Phase also, in der er sich gezwungen sah, sich zu wehren und zu verteidigen. «Das Bild, das nun von Flaubert in Umlauf kommt», schreibt Heinrich Mann, «ist etwas gehässig. In diesem Augenblick, während Flaubert in Paris den Sturm besteht, nähert sich ihm jemand als Freund: George Sand. Sie sieht in Salambo eins der schönsten Bücher, die je geschrieben wurden, veröffentlicht aus dieser Gesinnung einen Artikel und bestätigt ihn durch einen Brief.»[215]

Mit diesem Brief begann eine Freundschaft, die bis zu George Sands Tod dauerte. 1866 und 1868 suchte George Sand Flaubert in seinem Haus in Croisset auf, 1869 verbrachte er das Weihnachtsfest in Nohant, 1873 besuchte er George Sand gemeinsam mit Ivan Turgenjev, zu dem er eine herzliche, brüderlich-freundschaftliche Beziehung hatte. Der Briefwechsel zwischen George Sand und Gustave Flaubert dokumentiert ihre zärtliche Liebe, die die großen Unterschiede, die sie sich nicht verheimlichten, ohne weiteres ertragen konnte. Er nannte sie: teurer oder guter oder lieber Meister, großes Herz; und sie ihn: mein Benediktiner, mein Troubadour. «Ich weiß nicht», schrieb er ihr, «welche Art von Gefühl ich Ihnen entgegenbringe, aber ich empfinde für Sie eine besondere Zuneigung, die ich bislang noch für niemanden verspürt habe ... Unsere nächtlichen Plaudereien waren wirklich reizend. Es gab Augenblicke, da ich mich zurückhalten mußte, um Sie nicht wie ein großes Kind abzuküssen.»[216]

Man stelle sich die Verschiedenheit dieser beiden Schriftsteller einmal vor: Flaubert, der fleißig und intensiv arbeitete, ja zuweilen unmenschlich schuftete, brauchte fünf Jahre, um «Madame Bovary» zu schreiben. George Sand dagegen schrieb durchschnittlich zwei Romane im Jahr. Während er eine ganze Nacht über einem Wort brütete, schrieb sie in der gleichen Zeit dreißig Seiten herunter. «Sie wissen nicht», schrieb er ihr, «was es heißt, einen ganzen Tag den Kopf in seine beiden Hände zu graben und sein unglückseliges Hirn zu zermartern, um ein einziges Wort zu finden. Bei Ihnen strömt der Gedanke üppig, unaufhörlich, wie ein Fluß. Bei mir ist es ein winziges Rinnsal. Kurz, ich verbringe mein Leben damit, mein Herz und Hirn zu zerfleischen, das ist der wirkliche Kern Ihres Freundes.»[217]

Sie gestand ihm, nicht mehr zu lieben, bedeute für sie, nicht mehr zu leben. *Du willst, daß ich zu lieben aufhöre? Du willst, daß ich zugebe, ich hätte mich mein ganzes Leben lang getäuscht, die Menschheit sei verächtlich, hassenswert, sie sei es immer gewesen und werde es immer sein ... Unser Leben besteht aus Liebe, und nicht mehr zu lieben heißt, nicht mehr zu leben.*[218] Er aber beklagte ihren Mangel an Haß: «Ach, lieber, guter Meister, wenn Sie hassen könnten! Das hat Ihnen gefehlt, der Haß! Trotz Ihrer großen Sphinxaugen haben Sie die Welt in goldenem Licht gesehen.»[219]

Charles Baudelaires Kritik an George Sand klang ähnlich. Ihr fehle die «énergie du mal», die Kraft des Bösen. Weil ihre Kunst unbewußt sei, weil sie das Böse nicht intellektuell erfasse, könne sie es auch nicht beherrschen – im Gegensatz beispielsweise zum Marquis de Sade, den er für moralischer hielt als George Sand.[220] Der Wunsch, der Wahrheit durch unbestechliches, intellektuelles Begreifen habhaft zu werden, war auch charakteristisch für Flaubert. Er versuchte Dinge, die ihn erbitterten, exakt zu schildern. «Sezieren» war für ihn eine Art Rache und gleichzeitig seine Rettung.[221] Nicht Gnade wollte er, sondern Gerechtigkeit. Sie aber suchte zu versöhnen, sanftmütig und heiter zu sein. «Endlich, teurer Meister», antwortete er ihr, «will ich Ihnen sagen, was uns hauptsächlich trennt. Sie fliegen in allen Dingen mit dem ersten Sprung zum Himmel

Gustave Flaubert

empor und steigen von da auf die Erde nieder. Sie gehen von dem Apriori aus, von der Theorie, vom Ideal. Daraus entspringt Ihre Sanftmut dem Leben gegenüber, Ihre Heiterkeit und, um das rechte Wort zu sagen, Ihre Größe. – Ich armer Kerl hafte wie mit Bleisohlen an der Erde; alles erregt, zerreißt, zerstört mich und ich bemühe mich, emporzusteigen.»[222] Mag in diesen Worten auch eine gewisse Ironie, ein Sarkasmus, Unaufrichtigkeit möglicherweise[223] liegen, so war er ihr doch dankbar für die Warmherzigkeit, mit der sie auf seine Zärtlichkeit, seine Leiden, seine Sehnsüchte einging. *Schone Dich,* schrieb sie ihm, *mache Dir Bewegung! Du irrst, wenn Du meinst, wir denken mit dem Kopf: Wir denken auch mit den Beinen.*[224] Und er: «Ich bin Ihrem Rat gefolgt, teurer Meister, ich habe mir Bewegung gemacht!!! Bin ich lieb, ja? Sonntag abend, um elf Uhr, war eine solche Mondhelle auf dem Fluß und auf dem Schnee, daß ich von einer Sucht nach Bewegung erfaßt wurde; ich bin zweieinhalb Stunden lang spazierengegangen, habe den Hügel erstiegen und mir vor-

131

George Sand. Fotografie von Nadar, um 1865

gestellt, ich wanderte in Rußland oder Norwegen. Wenn die Flut kam und die Eisschollen der Seine und die zugefrorenen Bäche krachten, war es unstreitig wundervoll. Da habe ich an Sie gedacht und habe Sie vermißt.»[225]

George Sand schien prädestiniert zu sein, ihm im Alter etwas von jener Liebe zuteil werden zu lassen, die ihm in der Kindheit versagt blieb. Waren es doch ihre Romane gewesen, die ihm in «seiner Jugend so viele Träume geschenkt» [226] hatten und hatte sie doch selbst auch ein Leben lang gelitten. *Das Leben*, so schrieb sie ihm, *ist eine Folge von Stichen ins Herz. Aber die Pflicht ist da; sie heißt: weiter und seine Arbeit tun, ohne die traurig zu machen, die mit uns leiden.* [227] Und schließlich: sie verstand ihn, seinen Haß, der der betrogenen und ungestillten Liebe entsprang, und seine Rachegelüste: *Du bist zu zornmütig, das heißt zu gut.* [228] Sie wußte ihn zu trösten wie ein bescheidener und guter Freund. Ihre Schlichtheit und Bescheidenheit, die in vielen ihrer Briefe zum Ausdruck kommen, rührten ihn.

Für ihre Freundschaft, die ihm guttat, wollte er ihr danken. Er schrieb, «einzig um ihr eine Freude zu bereiten», die kleine Meisternovelle «Ein einfaches Herz» – für sie und durch sie veranlaßt. [229] «In meiner ‹Geschichte eines einfachen Herzens›, wo Sie Ihren Einfluß sofort erkennen werden, werden Sie sehen, daß ich nicht so starrköpfig bin, wie Sie vielleicht annehmen. Ich glaube, daß der moralische Zug oder besser die menschliche Grundtendenz dieses Werkleins Ihnen gefallen wird.» [230]

«Ein einfaches Herz» ist die ergreifendste der sogenannten «Drei Erzählungen» Flauberts. Wie von Madame Bovary, so könnte man auch von der Dienstmagd Félicité, der Hauptfigur dieser Erzählung, sagen, sie sei Flaubert selber. «Eine alte Magd», so resümierte Heinrich Mann Inhalt und Bedeutung der Geschichte, «ihr Leben lang unter einer Herrin, einst von ihrem Liebsten verlassen, des Kindes vom Haus, auf das ihre Zärtlichkeit sich warf, durch den Tod verlustig, lächerlich durch ihre Glut, zu lieben, die sich endlich ganz auf einen bunten, ausgestopften Papagei, wie auf ein Abbild des heiligen Geistes, ergießt: die Magd Félicité. Ein alter Einsamer, hinter sich von der Liebe nur Bitternisse, übrig geblieben nach denen, die ihm einst eine Familie vortäuschten, und, wenn er sterben wird, den letzten, mystisch sinnlichen Gedanken an das über seiner Stirn schwebende, ausgestopfte, schon halb zerfressene, aber smaragdene, aber purpurne Gefieder – die Kunst – gehängt: Flaubert.» [231]

Diese Erzählung hätte George Sand wohl gefallen, ihr, die ihm auf einen Brief, in dem er sich als «alt, verbraucht und von allem angeekelt» bezeichnet hatte, antwortete: *Keine Schwächen bitte! ... Und ich! Glaubst Du denn, daß ich keine Hilfe und Unterstützung brauche bei meiner langen Arbeit, die noch nicht zu Ende ist? Liebst Du denn niemanden mehr, nicht einmal Deinen alten Troubadour, der immerzu singt und oft weint, doch sich dabei verbirgt, wie die Katzen, wenn sie sterben?* [232]

Doch sie konnte seine Erzählung nicht mehr lesen. Sie starb am 8. Juni 1876 nach kurzer, schmerzhafter Krankheit, die sie den Tod ersehnen ließ. Gustave Flaubert, der an ihrer Beerdigung teilnahm, schrieb an den gemeinsamen Freund Ivan Turgenjev:

«Der Tod der armen Mutter Sand hat mir unendlichen Kummer bereitet. Ich habe bei ihrem Begräbnis geweint wie ein Kind ... Arme, liebe,

Der Friedhof in Nohant

große Frau! ... Man muß sie so kennen, wie ich sie gekannt habe, um zu wissen, welch ungeheuer weibliches Gefühl in diesem bedeutenden Menschen war, und welche ungeheure Zärtlichkeit sich in diesem Genius befand ... Stets wird sie eine der Größen und eine einzigartige Zierde Frankreichs sein.»[233]

Die Toten, hatte George Sand einst an ihren Freund und Verleger Pierre-Jules Hetzel geschrieben, *das sind wir, soviel ist gewiß. Es gibt ein geheimnisvolles Band, das bewirkt, daß unser Leben sich aus dem ihren nährt.*[234]

Anmerkungen

1 Charles Baudelaire, Œuvres complètes, Paris 1961, S. 1280
2 Friedrich Nietzsche, Götzen-Dämmerung, oder: Wie man mit dem Hammer philosophiert. In: Friedrich Nietzsche, München 1966, Werke II, S. 991, vgl. auch S. 993 f.
3 Fedor Dostojewski, Tagebuch eines Schriftstellers, München 1963, S. 197
4 Ludwig Spach, Zur Geschichte der modernen französischen Literatur, Straßburg 1877, S. 196
5 Ebd., S. 187
6 Paul Wiegler, Französische Rebellen, Berlin 1903, S. 22
7 Julian Schmidt, Geschichte der Französischen Literatur, Leipzig 1974, 2. Band, S. 354 f.
8 Heinrich Heine, Sämtliche Schriften in 12 Bänden, hg. von Klaus Briegleb, München 1976, Band 9, S. 262
9 Œuvres autobiographiques, Band 1 und 2, hg. von Georges Lubin, Paris 1970; Band 1, S. 29 f. – Dt. George Sand, Geschichte meines Lebens, aus dem Französischen von Claire von Glümer, Leipzig 1855, 4 Bände. Ich zitiere – wo nicht anders angegeben – nach dem 1978 erschienenen Auswahlband: George Sand, Geschichte meines Lebens, hg. von R. Wiggershaus, Frankfurt a. M. 1978, hier: S. 41 f.
10 Mit der Veröffentlichung der Geschichte meines Lebens wurde 1854 in der Zeitschrift «La Presse» begonnen.
11 Vgl. Marie Louise Pailleron, George Sand, Histoire de sa vie, Paris 1938, S. 17
12 Œuvres autobiographiques, a. a. O., Band I, S. XXIV. (Wo kein Übersetzer genannt wird, stammen die Übersetzungen von der Autorin dieser Monographie.) Georges Lubin stellt den von George Sand in der Geschichte meines Lebens abgedruckten Briefen ihres Vaters einige Originalbriefe desselben gegenüber, die allerdings erheblich von den ersteren abweichen.
13 Ebd., S. XV
14 Ebd., S. XVI
15 Ebd., S. XVII
16 Geschichte meines Lebens, a. a. O., S. 10 f.
17 Ebd., S. 49 f.
18 Œuvres autobiographiques, a. a. O., vgl. Band 1, S. 500 und 1369; Band 2, S. 495 und 1415 f.
19 Ebd. Band 1, S. 557
20 Marcel Proust, Auf der Suche nach der verlorenen Zeit – In Swanns Welt 1. Frankfurt a. M. 1964, S. 60
21 Geschichte meines Lebens, a. a. O., S. 55
22 Ebd., S. 56 f.
23 Œuvres autobiographiques, Band 1, S. 1383 f.
24 Ebd. Band 2, S. 504
25 Ebd. Band 1, S. 603

26 Leo Pollmann, Geschichte der französischen Literatur – Eine Bewußtseinsge-
    schichte, Band 3, Wiesbaden 1978, S. 296 f
27 Jean-Paul Sartre, Der Idiot der Familie – Gustave Flaubert 1821 – 1857, Band
    1–5, Reinbek 1971–80, s. Bd. 1, S. 193, 209, 215
28 Gabrielle Wittkop-Ménardeau, George Sands romantischer Sozialismus; un-
    veröffentlichtes Manuskript, Sendung vom 19. August 1969 im Hessischen
    Rundfunk
29 *Geschichte meines Lebens*, S. 60 f
30 Ebd., S. 79
31 *Œuvres autobiographiques*, Band 1, S. 946, 947
32 Dieser Eindruck, der sich George Sands bemächtigte, war so stark, daß sie ihn
    noch zweimal geschildert hat, einmal in ihrem ersten Roman *Rose et Blanche*,
    den sie gemeinsam mit Jules Sandeau verfaßte, zum anderen in *Une Lettre de
    femme*, s. George Sand, *Œuvres autobiographiques*, Band 1, S. 1428
33 *Œuvres autobiographiques*, Band 1, S. 953 f
34 Ebd. Band 2, S. 126
35 Francine Mallet, Die Muse der Republik – George Sand 1804–1876, Stuttgart
    1979, S. 27
36 Arnold Hauser, Sozialgeschichte der Kunst und Literatur II, München 1953,
    S. 197
37 *Geschichte meines Lebens*, a. a. O., S. 14
38 Mallet, a. a. O., S. 28
39 Ebd., S. 31 f
40 *Œuvres autobiographiques*, Band 1, S. 1106
41 Die beiden Gtabstätten sind heute noch auf dem Friedhof unmittelbar neben
    dem ehemaligen Besitztum von George Sand, dem sogenannten «château»
    (Schloß) von Nohant zu sehen. Dort befindet sich auch das Grabmal von
    George Sand selber. Eine große Eibe wölbt sich schattenspendend über die-
    sem Familienfriedhof. – Der Landsitz, der Garten und der Friedhof sind heu-
    te Staatsbesitz und können besichtigt werden. Das Wohnhaus ist Museum und
    mit zahlreichen Erinnerungsstücken an George Sand ausgestattet.
42 *Geschichte meines Lebens*, a. a. O., S. 113 f
43 Mallet, a. a. O., S. 17 – s. a. *Consuelo*, Paris o. J., 3. Band, S. 419 f
44 *Geschichte meines Lebens*, a. a. O., S. 115 f
45 Ebd., S. 14
46 James Roëttiers und Maurice Dupin hatten gemeinsam an den Feldzügen Na-
    poleons I. in Italien teilgenommen. James Roëttiers, der eigentlich «Jacques»
    hieß, erzählte im Kreise der Familie häufig und ausführlich seine Kriegserleb-
    nisse. Vieles davon diente George Sand als Hintergrundmaterial für ihren
    1834 erschienenen Roman *Jacques*, dessen gleichnamiger Held mit sechzehn
    Jahren Soldat wurde und an Napoleons Italien-Feldzügen teilnahm. Die
    Umgebung von Plessis, wo sich das Schloß der Roëttiers befand, tauchte in
    George Sands 1832 erschienenen Roman *Indiana* wieder auf. Vgl. *Œuvres
    autobiographiques*, Band 2, S. 21, 1306, 1308
47 *Œuvres autobiographiques*, Band 2, a. a. O., S. 27
48 *Correspondance,* Band 1, hg. von Georges Lubin, Paris 1964, S. 104
49 Ebd., S. 109
50 Ebd., S. 137
51 Ebd., S. 139
52 Ebd. Band 6, S. 43 – s. a. *Geschichte meines Lebens*, a. a. O., S. 16
53 *Histoire de ma vie*, a. a. O., Band 2, S. 37
54 *Geschichte meines Lebens*, a. a. O., S. 125 f
55 *Correspondance*, Band 1, S. 271
56 Ebd., S. 270
57 Ebd., S. 269

58 Ebd., S. 267
59 Mallet, a. a. O., S. 56
60 Ebd., S. 48
61 Vg. die Anmerkungen von Georges Lubin in: *Correspondance*, Band 1, S. 76 f und *Histoire de ma vie*, Band 1, S. 1443
62 *Histoire de ma vie*, Band 1, S. 90
63 *Correspondance*, Band 1, S. 660
64 Ebd., S. 687, 773
65 Ebd., S. 944
66 Ebd., S. 945 f
67 Ebd., S. 686
68 *Geschichte meines Lebens*, a. a. O., S. 130
69 *Correspondance*, Band 1, S. 737
70 *Geschichte meines Lebens*, a. a. O., S. 130 f
71 *Geschichte meines Lebens*, a. a. O., S. 139; s. a. S. 1336. «Georges, c'est l'homme de terre.» Georgiques = ländlich. Die Bevölkerung des Berry bestand 1832 fast nur aus Bauern. Frühe Arbeiten der Autorin erschienen unter dem Pseudonym Georges Sand. Das «s» in Georges wurde später weggelassen.
72 Mallet, a. a. O., S. 101
73 Ebd., S. 88
74 Ebd., S. 89 f
75 *Histoire de ma vie*, Band 2, S. 1342; s. a. die beschönigende Paraphrasierung dieser Worte ebd S. 174
76 *Geschichte meines Lebens*, a. a. O., S. 21
77 *Indiana*, Paris 1832
78 *Correspondance*, Band 2, S. 46
79 *Lélia*, Paris 1833, 2. Band, S. 25 f (fotomechanische Reproduktion von 800 Exemplaren, Paris 1976), zit. nach André Maurois, Dunkle Sehnsucht, München 1957, S. 147 f
80 Ebd., S. 149
81 Ebd., S. 141
82 Ebd., S. 149
83 *Correspondance*, Band 2, S. 406 f
84 Mallet, a. a. O., S. 236
85 Ebd., S. 236
86 Franz Liszt, zitiert nach Frances Winwar, Ein Leben des Herzens, Bern 1947, S. 245
87 *Briefe eines Reisenden*, 2. Teil, Leipzig 1844, dt. v. L. Meyer, S. 64
88 *Histoire de ma vie*, Band 2, S. 222–250; *Geschichte meines Lebens*, a. a. O., S. 145–163
89 Maurois, a. a. O., S. 153
90 Ebd., S. 154
91 Ebd., S. 155
92 *Correspondance*, Band 2, S. 374
93 Ebd. S. 375
94 Ebd., S. 375
95 Ebd., Band 7, S. 370, Brief an Pauline Viardot vom 3. Juni 1846
96 Ebd., Band 10, S. 481
97 Ebd., S. 116
98 *Histoire de ma vie*, Band 1, a. a. O.
99 *Correspondance*, Band 5, a. a. O., S. 399 (Brief an Charlotte Marliani vom 13. August 1841)
100 Ebd., Band 3, S. 122 f
101 Mallet, a. a. O., S. 203
102 Maurois, a. a. O., S. 162

103 Alfred de Musset, Man spielt nicht mit der Liebe und: Briefwechsel zwischen Alfred de Musset und George Sand, Berlin o. J., S. 15

104 Ebd., S. 16, 19 – vgl. auch Correspondance de George Sand et d'Alfred de Musset, Monaco 1956, S. 27 f, 30

105 *Elle et Lui*, Paris 1860, S. 87

106 *Correspondance*, Band 2, S. 407 f

107 Maurois, a. a. O., S. 168 f

108 *Correspondance*, Band 2, S. 502

109 Ebd., S. 552

110 Musset, a. a. O., S. 53

111 Maurois, a. a. O., S. 183

112 Ebd., S. 189

113 Alfred de Musset, Bekenntnisse eines Kindes seiner Zeit, Berlin o. J., S. 20, 21, 22

114 Maurois, a. a. O., S. 382

115 Das Buch liegt in einer Glasvitrine des George Sand-Saals im Museum von La Châtre. Hinter seiner Anonymität verbirgt sich A. Doinet (Caen 1860)

116 Vgl. das *Journal intime*, das George Sand im November 1834, auf dem Höhepunkt ihrer Krise mit Alfred de Musset schrieb. In: *Œuvres autobiographiques*, Band 2, S. 945 f; S. 970: *Ich kann nicht arbeiten ... Ich kann weder schreiben noch beten ...*

117 *Œuvres autobiographiques*, Band 2, S. 84

118 Maurois, a. a. O., S. 195

119 *Histoire de ma vie*, in: *Œuvres autobiographiques*, Band 2, S. 326

120 *Correspondance*, Band 3, S. 743 f, deutsche Fassung zitiert nach Maurois, a. a. O., S. 215

121 *Correspondance*, Band 4, S. 32 f

122 Auf ihrer gemeinsamen Reise durch die Schweiz wurden Marie d'Agoult und Franz Liszt die «Fellows» genannt, während George Sand und ihre Kinder die «Piffoëls» hießen, wegen Georges und Maurices langer Nasen (le pif = große Nase)

123 *Entretiens journaliers avec le très docte et très habile docteur Piffoël, professeur de botanique et de psychologie* in: *Œuvres autobiographiques*, Band 2, S. 987 f

124 *Œuvres autobiographiques*, Band 2, S. 642

125 Ebd.

126 Musset, Man spielt nicht mit der Liebe, a. a. O., S. 62

127 *Correspondance*, Band 7, S. 718 f

128 Adolphe Pictet schrieb über diese Reise ebenfalls einen Bericht: Une course à Chamonix, Conte fantastique, Paris 1838. Er stellte Marie d'Agoult als nüchterne Analytikerin, George Sand als Lausbuben und Dichter, Franz Liszt als großen Musiker dar.

129 Wladimir Karénine, George Sand – sa vie et ses œuvres, Paris 1899, Band 2, S. 329 f. Liszt hatte sich eingetragen als Musiker-Philosoph; geboren: auf dem Parnaß; angekommen vom: Zweifel; Weiterreise: zur Wahrheit (ebd. S. 329) – Hinter dem Pseudonym von W. Karénine verbirgt sich die Russin Barbe Komarov. Sie schrieb die erste umfassende Biographie über George Sand in vier Bänden.

131 *Briefe eines Reisenden*, 4. Teil, deutsch von L. Meyer, Leipzig 1844, S. 41

132 Ebd., S. 41, 42

133 *Entretiens journaliers*, S. 980; zit. n.: Maurois, a. a. O., S. 238

134 Marie d'Agoult, Tochter des französischen Vicomte de Flavigny und der Frankfurter Bankierstochter Marie Bethmann, Republikanerin, verfaßte unter dem Pseudonym Daniel Stern Romane und historische Werke.

135 Die spätere Frau zunächst des Dirigenten Hans von Bülow, später des Kom-

ponisten Richard Wagner.

136 Maurois, a. a. O., S. 249
137 Vgl. Karénine, Band 2, a. a. O., S. 370
138 Honoré de Balzac, Briefe an die Fremde, Leipzig 1911, S. 411f, s. a. Maurois, a. a. O., S. 253
139 Honoré de Balzac, Béatrix, dt. v. Hans Jacob, Berlin 1923, S. 6f
140 Ebd., S. 142, 361, 451f
141 Ebd., S. 107/08
142 *Correspondance*, Band 4, S. 711
143 Ebd., S. 254, 255, s. a. Frances Winwar, Ein Leben des Herzens, Bern 1947, S. 280f
144 *Correspondance*, Band 4, S. 174f
145 Maurois, a. a. O., S. 231
146 Heine, a. a. O., S. 531
147 Ebd., S. 358
148 Ebd., Band 5, S. 352f – Heinrich Heine, von dem Friedrich Hirth (Heinrich Heine und seine französischen Freunde, Mainz 1949, S. 185f) meinte, er sei der Geliebte George Sands gewesen, schätzte sowohl Chopin als auch Sand sehr. Mit George Sand verband ihn zudem eine innige Freundschaft. Sie begann seine Briefe an ihn mit «Lieber Cousin»; er mit: «Meine schön-ste und beste Cousine». Vgl. Heine, a. a. O., Band 6, S. 833f, Band 5, S. 302f
149 Maurois, a. a. O., S. 258
150 *Correspondance*, Band 4, S. 438
151 Maurois, a. a. O., S. 259
152 Albert Grzymala (1793–1870), polnischer Emigrant, seit 1831 sehr eng be-freundet mit Frédéric Chopin und zeitweise mit George Sand.
153 Brief Marie d'Agouts vom 10. Januar 1839, zitiert aus: Marie-Louise Pailleron, George Sand – Années Glorieuses, Paris 1942, S. 141
154 Frédéric Chopin in Selbstzeugnissen und Bilddokumenten, dargestellt von Camille Bourniquel, Hamburg 1959, S. 83
155 *Correspondance*, Band 4, S. 577
156 *Histoire de ma vie*, in: *Œuvres autobiographiques*, Band 2, S. 420f
157 *Ein Winter auf Mallorca*, hg. und ins Deutsche übertragen von Ulrich C. A. Krebs, Frankfurt a. M. 1975, S. 55f
158 Eugène Delacroix, Briefe I 1813–1846, dt. von Wilhelm Stein, Basel 1918, S. 165
159 Ebd., S. 168f
160 Maurois, a. a. O., S. 305
161 Winwar, a. a. O., S. 283
162 *Correspondance*, Band 8, S. 12
162a Frédéric Chopin, Briefe. Hg. mit einem Vorwort und Kommentaren von Krystyna Kobylánska, Frankfurt a. M. 1984, S. 277f; vgl. dort auch die weni-gen, aber liebevollen Briefe an George Sand, die Chopin als einen fürsorg-lichen, verläßlichen, zärtlichen und poetischen Mann zeigen.
163 Vera Velden, Zum 50jährigen Todestag von George Sand – Ihr Verhältnis zu Chopin, in: Neue Musik-Zeitung, Heft 17, Stuttgart 1926
164 Mallet, a. a. O., S. 119
165 George Sand hatte sich allerdings nie für das Stimm- und Wahlrecht auch für Frauen eingesetzt. Daß aber ihre Forderung nach der Gleichheit vor dem Gesetz und in der Liebe zu ihrer Zeit mutig war und heftig bekämpft wurde, zeigt zum Beispiel die Schrift des französischen Sozialisten und Anarchisten Pierre-Joseph Proudhon: «La Pornocratie ou les Femmes dans les Temps Mo-dernes», in der er die Unterwerfung und Subordination der Frauen unter ihre «gebietenden» Ehemänner fordert. Denn – so Proudhon – die normalen

Frauen (emanzipierte Frauen sind seiner Meinung nach «geisteskrank») lieben es, in ihrem Mann «den Richtenden, den Gewaltigen» zu sehen und mögen es, wenn er sie «gewaltsam behandelt» und «ein bißchen vergewaltigt». – Karl Marx widmete George Sand übrigens ein Exemplar jener Schrift, in der er sich mit der Philosophie Proudhons auseinandersetzte: «Misère de la philosophie, réponse à la philosophie de la misère de Monsieur Proudhon». Das Buch mit der handschriftlichen Widmung liegt heute in einer Moskauer Bibliothek. (Vgl. *Correspondance*, Bd. 8, S. 792)

166 Mallet, a. a. O., S. 228
167 Gerd Thieltges, George Sand, in: Französische Literatur des 19. Jahrhunderts I – Romantik und Realismus, Heidelberg 1979, S. 284
168 Mallet, a. a. O., S. 44
169 Jean-Paul Sartre, Der Idiot der Familie – Gustave Flaubert 1821–1857, dt. von Traugott König, Reinbek 1979, S. 207
170 *Correspondance*, Band 5, S. 421
171 Ebd., S. 419
172 Ebd., S. 421
173 Ebd., S. 422
174 Ebd., S. 422
175 Mallet, a. a. O., S. 250
176 In Lexika wird allgemein angegeben, daß sich das Wort «Kommunismus» zuerst bei dem utopischen Sozialisten Étienne Cabet findet. Seine Schrift «Comment je suis communiste et mon crédo communiste» ist im selben Jahr erschienen wie «Le Compagnon du tour de France» von George Sand, nämlich im Jahre 1840.
177 *Correspondance*, Band 10, S. 345
178 Maurois, a. a. O., S. 335
179 *Correspondance*, Band 7, S. 686
180 Hans Mayer, Außenseiter, Frankfurt a. M. 1977, S. 116
181 *Correspondance*, Band 8, S. 319
182 Ebd., S. 329f
183 Dieser eindringliche und schöne Zeitschriftentitel wurde 1969 von einer in ihrer Tendenz sehr viel radikaleren französischen Zeitschrift wieder aufgenommen. (La Cause du peuple = Die Sache des Volks)
184 Bulletin de la République, Nr. 16; zit. n. Maurois, a. a. O., S. 334
185 *Correspondance*, Band 9, S. 802
186 Ebd. Band 8, S. 527
187 *Histoire de ma vie*, Band 2, S. 241
188 *Correspondance*, Band 8, S. 545
189 Ebd. Band 10, S. 659f
190 Ebd., S. 712
191 Ebd., S. 696
192 Ebd., S. 746
193 Ebd., Band 8, S. 232f
194 Ebd., S. 232f
195 Ebd., Band 11, S. 418
196 Ebd., Bd. 9, S. 554
197 Ebd., Bd. 6, S. 836
198 Vgl. Mallet, a. a. O., S. 6
199 Vgl. Baudelaires Worte in den «Zeugnissen», S. 144
200 Zu diesen zählen: *Mauprat, Spiridion, Le Compagnon du tour de France, Horace, Consuelo, La Comtesse de Rudolstadt, Le Meunier d'Angibault, Le Péché de Monsieur Antoine*
201 Sartre, Band 5, a. a. O., S. 208
202 Heinrich Mann, Eine Freundschaft, München 1905/06, S. 30

203 *Correspondance,* Band 11, S. 362
204 Ebd. Band 10, S. 143
205 Ebd. Band 12, S. 201
206 Ebd., S. 201
207 Ebd., S. 679 f
208 Ebd., S. 496
209 Ebd. Band 8, S. 753 f; Band 10, S. 96 f; deutsches Zitat nach: Mallet, a. a. O.. S. 265, 266
210 Ebd., S. 267
211 *Correspondance,* Band 10, S. 455
212 Edmond und Jules Goncourt, Journal, Band 8, S. 151, zit. n.: Mallet, a. a. O., S. 276
213 Correspondance entre George Sand et Gustave Flaubert, Paris o. J., S. 36
214 *Correspondance,* Band 9, S. 544
215 Mann, a. a. O., S. 5
216 Maurois, a. a. O., S. 406
217 Gustave Flaubert, Briefe an George Sand, Potsdam 1919, S. 4
218 Correspondance entre George Sand et Gustave Flaubert, a. a. O., S. 266, 268
219 Ebd., S. 131
220 Vgl. Klaus Heitmann, Der Immoralismus-Prozeß gegen die französische Literatur im 19. Jahrhundert, Bad Homburg 1970, S. 147, 247
221 «Allerdings erbittern mich viele Dinge. An dem Tage, da ich nicht mehr empört sein werde, werde ich machtlos hinfallen wie eine Puppe, die man von ihrem Draht abschneidet.» – Vgl. Gustave Flaubert, Briefe an George Sand, a. a. O., S. 30; s. a. S. 39
222 Ebd., S. 241
223 Jean-Paul Sartre ist der Auffassung, Flauberts Briefe an George Sand gehörten zu den «unaufrichtigsten seiner Korrespondenz»: Sartre, a. a. O., Band 5, S. 535
224 Mann, a. a. O., S. 29
225 Gustave Flaubert, Briefe an George Sand, a. a. O., S. 35
226 Ebd., S. 6
227 Mann, a. a. O., S. 48
228 Ebd., S. 36
229 Correspondance entre George Sand et Gustave Flaubert, a. a. O., S. 467
230 Ebd., S. 460
231 Mann, Geist und Tat, Franzosen 1780–1930, Berlin 1931, S. 145
232 Correspondance entre George Sand et Gustave Flaubert, a. a. O., S. 416
233 Maurois, a. a. O., S. 439
234 Mallet, a. a. O., S. 245

Zeittafel

1804	1. Juli: Geburt von Amantine-Aurore-Lucile Dupin in Paris, der späteren George Sand, Tochter von Maurice Dupin (1778–1808) und Antoinette-Sophie-Victoire Dupin, geb. Delaborde (1773–1837)
1808	16. September: Aurores Vater, Maurice Dupin, stirbt nach einem Sturz von seinem Pferd
1809	Aurores Mutter, verzichtet auf die Vormundschaft ihrer Tochter zugunsten Aurores Großmutter, Marie-Aurore Dupin de Francueil
1810–1818	Aurore verbringt ihre Kindheit in Nohant bei der Großmutter. Häufige Abwesenheit der Mutter
1818	12. Januar: Eintritt ins Kloster der Englischen Augustinerinnen in Paris
1820	Rückkehr nach Nohant
1821	Aurore pflegt ihre kranke Großmutter. – 26. Dezember: Tod von Marie-Aurore Dupin de Francueil
1822	Aurore Dupin wird Erbin des Landgutes Nohant sowie eines vornehmen Privathauses, des Hôtel Narbonne, in Paris. Ihre Mutter holt sie nach Paris. – 19. April: Bekanntschaft mit Casimir Dudevant. – 17. September: Heirat Aurore Dupins und Casimir Dudevants
1823	Das Ehepaar Dudevant lebt abwechselnd in Nohant und Paris. – 30. Juni: Geburt des Sohnes Maurice
1825	Reise in die Pyrenäen. Bekanntschaft mit Aurélien de Sèze. Leidenschaftliche, aber platonische Liebe zwischen diesem und Aurore
1828	13. September: Geburt der Tochter Solange
1830	Aurore lernt Jules Sandeau kennen, dessen erste Namenshälfte «Sand» später ihr Pseudonym wird. Ernste Auseinandersetzungen zwischen den Ehegatten. Casimir setzt Aurore eine Rente aus, die es ihr gestattet, die Hälfte des Jahres in Paris zu leben
1831	4. Januar: Aurore läßt sich in Paris nieder. Schreibt zusammen mit Jules Sandeau den Roman *Rose et Blanche*, der unter dem Pseudonym J. Sand erscheint
1832	*Indiana*, Aurores erster allein verfaßter Roman, erscheint unter dem Pseudonym G. Sand: im November erscheint ihr zweiter Roman *Valentine*
1833	Januar: Bekanntschaft mit Marie Dorval; März: Bruch mit Jules Sandeau; Juni: Bekanntschaft mit Alfred de Musset, mit dem sie Ende des Jahres nach Venedig fährt. Juli: *Lélia* erscheint
1834	März: George Sand kehrt mit dem venezianischen Arzt Pietro Pagello

	von ihrer Italien-Reise zurück. – *Le Secrétaire intime; Jacques*
1835	6. März: Endgültige Trennung von Alfred de Musset. *Leone Leonie; André*
1836	Scheidung von Casimir Dudevant; Reise in die Schweiz mit der Gräfin d'Agoult und Franz Liszt. – *Simon; Lettres d'un voyageur*
1837	Tod der Mutter George Sands. Aufenthalt der Gräfin d'Agoult und Franz Liszts in Nohant. – *Mauprat*
1838	George Sand und Frédéric Chopin reisen zusammen mit Maurice und Solange nach Mallorca. – *La dernière Aldini; Les Maîtres mosaïstes*
1839	Mitte des Jahres Rückkehr nach Nohant. – *L'Uscoque, Spiridion*
1840	George Sands Verleger François Buloz weigert sich, *Le Compagnon du tour de France* in der «Revue des Deux Mondes» abzudrucken. – *Gabriel, Les Sept Cordes de la Lyre, Cosima, Le Compagnon du tour de France*
1841	Bruch mit Buloz. George Sand und Pierre Leroux gründen «La Revue Indépendante». George Sand und Chopin wohnen bis 1846 abwechselnd in Paris und Nohant. – *Pauline*
1842	*Un Hiver à Marjorque; Horace*
1843	*Consuelo*
1844	*La Comtesse de Rudolstadt; Jeanne*
1845	*Le Meunier d'Angibault*
1846	Aufenthalt Eugène Delacroix' in Nohant. – *Isidora; Teverino; La Mare au diable*
1847	Handgreifliche Auseinandersetzungen zwischen George Sand und Maurice einerseits und Solange und ihrem Mann Clésinger andererseits. – Bruch mit Chopin. *Lucrezia Floriani*
1848	Teilnahme George Sands an der Revolution in Paris. *Lettres au peuple.* Sie gründet die Zeitschrift *La Cause du Peuple*. – Mai: Rückkehr nach Nohant
1849	Tod Marie Dorvals und Frédéric Chopins. – *La Petite Fadette*
1850	*François le Champi*
1852	George Sand setzt sich für eine ganze Reihe von Verurteilten ein
1853	*Les Maîtres Sonneurs; Mauprat* (Drama)
1854	*Histoire de ma vie*
1855	Verzweiflung über den Tod des Kindes ihrer Tochter Solange. Maurice überredet sie, eine Reise nach Italien zu unternehmen
1859	*Elle et Lui*
1862	Heirat ihres Sohnes Maurice mit Lina Calamatta
1866	George Sand besucht Gustave Flaubert in Croisset und Alexandre Dumas in Puys. *Monsieur Silvestre*
1869	Aufenthalt in den Ardennen
1873	Gustave Flaubert und Ivan Turgenjev besuchen George Sand in Nohant. – *Contes d'une grand-mère*
1874	*Ma sœur Jeanne*
1876	8. Juni: Tod von George Sand

Zeugnisse

Heinrich Heine
George Sand, die größte Schriftstellerin, ist zugleich eine schöne Frau.
Sie ist sogar eine ausgezeichnete Schönheit. Wie der Genius, der sich in
ihren Werken ausspricht, ist ihr Gesicht eher schön als interessant zu nennen; das Interessante ist immer eine graziöse oder geistreiche Abwei-
chung vom Typus des Schönen, und die Züge von George Sand tragen
eben das Gepräge einer griechischen Regelmäßigkeit. Der Schnitt derselben ist jedoch nicht schroff und wird gemildert durch die Sentimentalität,
die darüber wie ein schmerzlicher Schleier ausgegossen. Die Stirn ist nicht
hoch, und gescheitelt fällt bis zur Schulter das köstliche kastanienbraune
Lockenhaar.

Lutetia, 1855

Charles Baudelaire
Sie ist dumm, sie ist plump, sie ist geschwätzig; ihre moralischen Begriffe
sind von der gleichen Tiefe wie die der Hausmeister und der ausgehalte-
nen Mädchen.
Daß sich einige Männer in diese Kloake vernarren konnten, ist wohl ein
Beweis für den Tiefstand der Männer unseres Jahrhunderts.

Mein entblößtes Herz, 1857

Fanny Lewald
Es war etwas Überraschendes, etwas Gewaltiges in der dreist und feurig
ausgesprochenen Leidenschaft, in welcher Frankreichs erster lebender
Dichter George Sand uns die Frauengestalten hinstellte, deren große
Herzen die Männer nicht zu schätzen vermochten und die zu keinem Frieden und zu keinem Glück gelangen konnten, weil sich nie ein Mann vor-
fand, der solch ein Herz zu würdigen und zu verdienen imstande gewesen
wäre ... Und so groß war damals meine Begeisterung grade für diese
Frauengestalten, für diese großen weiblichen Herzen in George Sands
Romanen, für die Frauen, die in Lélia und in Leone Leoni immer frisch
darauf losliebten, auch wenn man sie mit Füßen trat, daß ich über dieser
Unwürdigkeit und Unwahrheit fast alles das wirklich Große und Bewundernswerte übersah oder doch geringer schätzte, was George Sand be-

sitzt, wo er sich auf dem Boden der Wahrheit und der Wirklichkeit befindet.

Meine Lebensgeschichte, 1858

Fjodor M. Dostojevskij
Ich war, wenn ich nicht irre, sechzehn Jahre alt, als ich zum erstenmal ihre Novelle «L'Uscoque» las – eines ihrer schönsten ersten Werke. Ich weiß noch, ich fieberte nachher die ganze Nacht. Ich glaube mich nicht zu täuschen, wenn ich sage, daß George Sand, wenigstens nach meinen Erinnerungen, bei uns alsbald fast den ersten Platz einnahm in der Reihe jener ganzen Plejade neuer Schriftsteller, die damals plötzlich berühmt wurden und deren Ruhm ganz Europa durchflog.

Tagebuch eines Schriftstellers, 1881

Gertrud Bäumer
George Sand wird der Typus der «Emanzipierten» in Deutschland, ein Typus, der ebenso begeistert verehrt als entrüstet verworfen wird. Verehrt als furchtlose Prophetin Saint-Simons im Kampf für Wahrheit und Gerechtigkeit, eine Prophetin mit der Beredsamkeit dessen, der selbst in unerträglichen Fesseln leidet, verworfen – begreiflicherweise – als das Mannweib mit der Männerkleidung, mit der Reitpeitsche in der Hand, dem Dolch im Gürtel, der Zigarette im Munde.

Handbuch der Frauenbewegung Berlin 1901, Band 1

Heinrich Mann
In den frühesten Büchern George Sands sind schon physiologische Beobachtungen, die nie ein Mann gemacht hat: tiefe Kleinigkeiten aus dem weiblichen Wissen ... sie gibt sich zufrieden, wenn sie eine seltene Pflanze findet, sei es auch neben einem Haufen Kot. Nicht für sie ist der Roman eine Zuflucht außerhalb des Lebens. Selbst im Historischen sieht sie kein Mittel zur Kunst, sondern eins zum Menschlichen. Sie zieht sich in die Geschichte nicht zurück: sie macht Gegenwart und Vorbild aus ihr. Immer wieder fällt sie auf die Revolution ... 1789, dieses arkadische Verbrüderungsfest, dieses weite Morgenrot, in das eine bis zur All-Liebe verklärte Menschheit starrt. Und ihre Nanon, worin dies geschieht, ist vollkommen irdisch. Sanftmut und Güte sind nicht erschwindelt; der reine Wirklichkeitssinn hält sie uns vor. «Da scht!» Wir fühlen: wer dieses Jahr der Menschlichkeit im Innern miterlebte, kann nie mehr verzweifeln.

Geist und Tat, Berlin 1931

André Maurois
Man schlage die *Geschichte meines Lebens* auf, die *Briefe eines Reisenden*, die *Tagebücher*. Dort kommt sie den Besten gleich. Und welcher Autor war jemals reicher an Einfällen? Sie war «die Stimme der Frau zu

einer Zeit, da die Frau schwieg». Sie hat über Musik ebenso vorzüglich geschrieben wie Stendhal, und noch vorzüglicher als Balzac oder Victor Hugo. Sie hat das Leben der französischen Bauern mit einer bald idyllischen, bald epischen Größe geschildert. Sie hat eine aufrichtige Liebe zum Volk empfunden und ihr Ausdruck gegeben, lange bevor das allgemeine Wahlrecht dieses Verhalten aufzwang. Sie ist, in *Lélia*, als erste an Probleme des Sinnenlebens herangegangen, die man heute erst freimütig zu behandeln beginnt ...

Ich hatte das Glück – oder die Schwäche – sie zu lieben.

Dunkle Sehnsucht, München 1957

Simone de Beauvoir
Solange George Sand jung ist, gefällt mir ihr Verlangen nach Unabhängigkeit, ihr Leseeifer, ihr Bedürfnis zu lernen und die Landschaft zu durchstreifen sowie die Klarheit ihrer Entscheidungen ... Weiterhin respektiere ich noch ihre Energie und ihre Arbeitskraft. Widerwärtig aber ist mir die Tugendmaske, die sie sich vorzubinden liebt. Sich Liebhaber zu leisten, sie zu betrügen, ihnen etwas vorzulügen – warum nicht? Aber man muß dann nicht auf seine Wahrheitsliebe pochen, sich über Verleumdung beklagen und sich als Heilige gebärden ... Mit dreißig spielt sie bereits die vom Leben zermalmte Frau, die sich vorbehaltlos aufopfert, während sie in Wirklichkeit ihre gesamte Umgebung beherrscht. Was ich ihr am wenigsten verzeihe, ist die systematische Fälschung der Stimme ihres Innern, durch die sie ihr jeweiliges Verhalten zu einem erbaulichen Beispiel aufzuschönen versteht. Hier tritt bei ihr eine so grundlegende Verlogenheit zutage, daß mir sogar die Haltung verdächtig ist, zu der sie sich 1848 bekennt.

Alles in allem, Reinbek 1974

Von Geld ist die Rede, von wem noch?

«Ich verlange nichts dafür…

... denn Ihre Zeitung ist arm, und Sie setzen sich für die Armen ein», schrieb der Mann an eine sozialistische Zeitschrift, die einen seiner Romane nachdrucken wollte. Mehr als eine Geste: Damals wurden dem Autor und seinem Verleger für Vorabdruckrechte schon 30 000 Franc geboten.

Mit 37 Jahren war ihm der Durchbruch gelungen. Sein Roman aus dem Arbeitermilieu brachte es in drei Jahren auf 91 Auflagen, obwohl er von den bürgerlichen Kritikern («stinkender Stil») ebenso verrissen wurde wie von linken Intellektuellen («Verunglimpfung der Arbeiterklasse»). Zu drastisch hatte er für beider Geschmack das Elend einer Wäscherin und eines Trunkenboldes beschrieben.

Heftige Kritik betrachtete der Autor (er war einst Werbeleiter eines Verlages gewesen!) ebenso als willkommene Publizität wie gelegentliche Verbote: «Das Verbot des ‹Corsaire› hat gewaltiges Aufsehen erregt, ich verliere dabei einiges Geld, aber ich gewinne schrecklichen Lärm.»

Unter seinen mehr als zwei Dutzend Romanen (darunter ein zwanzigbändiger Zyklus über die «Geschichte einer Familie») ist einer auch dem spröden Thema Börse und Finanzwelt gewidmet: «Nichts ist meiner Ansicht nach der Kunst so widerstrebend wie die Geldfrage, wie diese ganze Finanzmaterie», klagte er während der Arbeit.

1902, im Jahr seines Unfalltodes, hatten seine Romane eine Auflage von 2,3 Millionen erreicht. Er war der erste Autor, der Tantiemen für ein ins Russische übersetztes Werk erhielt. Von wem war die Rede?

(Alphabetische Lösung: 26-15-12-1)

Bibliographie

1. Chronologisches Verzeichnis der Werke George Sands
(alle in Paris erschienen)

1831	Rose et Blanche (J. Sand) gemeinsam mit Jules Sandeou	1854–55	Histoire de ma Vie
		1855	Le Diable aux Champs
1832	Indiana	1857	La Daniella
	Valentine	1858	Les Beaux Messieurs de Bois-Doré
	La Marquise	1859	Elle et Lui
1833	Lélia		L'Homme de Neige
	Lavinia		Les Dames Vertes
1834	Le Sécretaire Intime		Promenades autour d'un Village
	Jacques	1860	Jean de la Roche
	Leone Leoni		Constance Verrier
1834–37	Lettres d'un Voyageur	1861	La Ville Noire
1835	André		Le Marquis de Villemer
1836	Simon		Valvèdre
1837	Mauprat		La Famille de Germandre
	Lettres à Marcie	1862	Souvenirs et Impressions Littéraires
	Les Maîtres Mosaïstes		Tamaris
1838	L'Uscoque	1863	Mademoiselle la Quintinie
	La Dernière Aldini	1865	Laura
1838–39	Spiridion		La Confession d'une Jeune Fille
1839	Les Sept Cordes de la Lyre	1866	Monsieur Sylvestre
1840	Le Compagnon du Tour de France	1867	Le Dernier Amour
1841	Un Hiver au midi de l'Europe (später Un Hiver à Majorque)		Cadio
			Mademoiselle Merquem
1841–42	Horace	1869	Pierre Qui Roule
1842–43	Consuelo		Le Beau Laurence
1843	La Comtesse de Rudolstadt	1870	Malgrétout
1844	Jeanne	1871	Césarine Dietrich
1845	Le Meunier d'Angibault		Journal d'un Voyageur Pendant la Guer
	Le Péché de M. Antoine	1872	Francia
	Teverino		Nanon
1845–46	La Mare au Diable	1873	Impressions et Souvenirs
1846–47	Lucrezia Floriani		Contes d'une Grand-mère
1847	Le Piccinino	1874	Ma Sœur Jeanne
1847–48	François le Champi	1875	Flamarande
1848	Lettres au Peuple		Les Deux Frères
1848–49	La Petite Fadette	1876	La Tour de Percemont & Marianne
1851	Claudie		Contes d'une Grand-mère (2e série)
	Le Château des Désertes	1877	Dernières Pages
1852	Mont-Revêche	1878	Questions d'Art et de Littérature
1853	La Filleule		Questions politiques et sociales
	Les Maîtres Sonneurs		

2. Personalbibliographien

S<small>POELBERCH DE</small> L<small>OVENJOUL</small>, C. <small>DE</small>: Étude bibliographique sur l'œuvre de George Sand (Paris 1914).

C<small>OLIN</small>, G.: Bibliographie des premières publications des romans de George Sand (Brüssel 1965).

3. Autobiographische Schriften

Histoire de ma Vie

Édition Originale

Histoire de ma vie, par George S<small>AND</small>, Paris, Victor Lecou, éditeur; Cadot, libraire. 1854–1855, en 20 vol. in-8° de 293, 300, 296, 304, 300, 299, 300, 297, 299, 297, 299, 297, 299, 294, 299, 300, 300, 300, 299, 300 pages (*Bibliographie de la France* des 4 et 18 novembre, 9 et 27 décembre 1854, 13 et 27 janvier, 10 février, 3 mars, 5 mai, 21 juillet et 4 août 1855). Typ. frères jusqu'au tome VIII, Henry Plon ensuite.

Troisième Édition

Histoire de ma vie, par George S<small>AND</small>, nouvelle édition entièrement revue et augmentée par l'auteur, Paris, Calmann-Lévy, 1876 (collection «Bibliothèque contemporaine» à 3, 50 F le volume), en 4 vol. in–18 jésus de 492, 480, 456, 499 pages (*Bibliographie de la France*, 29 juillet et 19 août 1876). Impr. A. Chaix et Cie.

Geschichte meines Lebens. Frankfurt a. M. 1978

Lettres d'un Voyageur

Édition Originale

Lettres d'un voyageur, par George S<small>AND</small>, Paris, Félix Bonnaire, MDCCCXXXV II, en 2 vol. in–8° de 422 et 414 pages (*Bibliographie de la France* du 22 avril 1837). Impr. E. Duverger. Le tome II se termine par *Aldo le Rimeur.*

Troisième Édition

Œuvres de George Sand. Nouvelle édition revue par l'auteur et accompagnée de morceaux inédits. *Lettres d'un voyageur,* Paris, Garnier frères, 1844, en 1 vol. in–12 de 400 pages (*Bibliographie de la France* du 22 septembre 1849 seulement). Typ. Lacrampe fils et Cie.

Un hiver à Majorque

Édition Originale

Un hiver à Majorque, par George S<small>AND</small>, Paris, Hippolyte Souverain, 1842, en 2 vol. in–8° de XVII-(y compris faux-titre et titre) 315 pages + table et 279 pages + table (*Bibliographie de la France* du 1er janvier 1842). Impr. Vve Dondey-Dupré.
Les faux titres portent: Œuvres de George Sand XXVI et XXVII.

Deuxième Édition

Œuvres complètes de George S<small>AND</small>, nouvelle édition revue par l'auteur et accompagnée de morceaux inédits, t. XIV, *Pauline. Les Majorcains,* Paris, Perrotin, MDCCCXLIII, en 1 vol. in–12 de 356 pages (*Bibliographie de la France* du 3 juin 1843). Impr. de Béthune et Plon.

Troisième Édition

Œuvres illustrées de George S<small>AND</small>, t. IX, *Un hiver à Majorque,* par George Sand [avec notice de 1855], Paris, Hetzel, Blanchard, Libraire Centrale, 1856, en 1 vol. grand in–8° à 2 colonnes (*Bibliographie de la France* du 26 avril 1856). Impr. de J. Claye.

Les sept cordes de la lyre

Les sept cordes de la lyre . . ., par George S<small>AND</small>, nouvelle édition, Paris, Michel Lévy, 1869, en 1 vol. in–18 jésus de 319 pages (*Bibliographie de la France* du 8 janvier 1870). Typ. Arbieu, Lejay et Cie, Poissy.
Collection «Bibliothèque contemporaine».

Dernières pages

Édition Originale

Dernières pages, par George S<small>AND</small>, Paris, Calmann-Lévy, 1877, en 1 vol. in–18 jésus de 286

pages (*Bibliographie de la France* du 22 septembre 1877). Impr. A. Chaix.
Collection «Bibliothèque contemporaine» à 3, 50 F.

Souvenirs et Ídées

Édition Originale
George SAND: *Souvenirs et Idées,* Paris, Calmann Lévy [1904], en 1 vol. in–18 jésus de 284
pages (*Bibliographie de la France* du 30 juillet 1904). Impr. A. Chaix.

Journal intime (posthume)

Édition Originale
George SAND: *Journal intime (posthume)* publié par Aurore Sand, Paris, Calmann-Lévy, 1926,
en 1 vol. in–16 de III-232 pages + table (*Bibliographie de la France*, du 16 juillet 1926).
Coulomiers, impr. Paul Brodard.

4. Briefe

Correspondance de George Sand et d'Alfred de Musset, Monaco 1956
Correspondance entre George Sand et Gustave Flaubert, hg. von Henri Amic Paris o. J.
George Sand, Correspondance, hg. von Georges Lubin:
 Band 1 1812 bis 1831, Paris 1964
 Band 2 1832 bis 1833, Paris 1966
 Band 3 1835 bis 1837, Paris 1967
 Band 4 1837 bis 1840, Paris 1968
 Band 5 1840 bis 1842, Paris 1969
 Band 6 1843 bis 1845, Paris 1969
 Band 7 1845 bis 1847, Paris 1970
 Band 8 1847 bis 1848, Paris 1971
 Band 9 1849 bis 1850, Paris 1972
 Band 10 1851 bis 1852, Paris 1973
 Band 11 1852 bis 1853, Paris 1976
 Band 12 1853 bis 1854, Paris 1976
 Die Reihe wird fortgesetzt. Sie soll einmal ca. 25 Bände umfassen.
Gustav Flaubert, Briefe an George Sand, mit einem Essay von Heinrich Mann, Potsdam 1919

5. Werkausgaben

Sämmtliche Werke. Mit e. kritischen Einl. v. Arn[old] Ruge. T. 1–85. – Leipzig: Wigand 1843–
1846. (Französische Classiker.)
 1.–4.   [Le compagnon du tour de France] Der Handwerker. Übers. v. L[udwig] Meyer.
 5. 6.   [Simon] Simon. Dt. L[udwig] Eichler.
 7.–15.   [Consuelo] Consuelo. Dt. v. G. Julius.
 16.–18. [Horace] Horace. Dt. v. L[udwig] Meyer.
 19. 20. [André] André. Dt. v. L[udwig] Eichler.
 21.   [Pauline] Pauline. Dt. v. L[udwig] Meyer.
 22.   [Leone Leoni] Leone Leoni. Dt. v. L[udwig] Eichler.
 23. 24. [La dernière Aldini] Die letzte Aldini. Dt. v. L[udwig] Meyer.
 25.–27. [Indiana] Indiana. Dt. v. L[udwig] Meyer.
 28.–30. [Spiridion] Spiridion. Dt. v. L[udwig] Meyer.
 31. 32. [L'uscoque] Der Corsar. [Übers.] v. L[udwig] Meyer.
 33.–40. [La comtesse de Rudolstadt] Die Gräfin von Rudolstadt. [Übers.] v. L[udwig]
       Meyer.
 41.–44. [Mauprat] Mauprat. [Übers.] v. L[udwig] Meyer
 45.–48. [Lettre d'un voyageur] Brief eines Reisenden. [Übers.] v. [Ludwig] Meyer.
 49. 50. [Les maîtres mosaïstes] Die Mosaikarbeiter. [Übers.] v. L[udwig] Meyer.
 51.–56. [Lélia] Lelia. [Übers.] v. Wilhelm Jordan.
 57.–60. [Jacques] Jacques. [Übers.] v. L[udwig] Meyer.
 61.–63. [Valentine] Valentine. [Übers.] v. L[udwig] Meyer.
 64. 65. [Le secrétaire intime] Der Geheimsecretär. [Übers.] v. L[udwig] Meyer.
 66.–69. [Jeanne] Johanna. [Übers.] v. L[udwig] Meyer.

70. 71. [Isidora] Isidora. Tagebuch eines Einsiedlers in Paris. [Übers.] v. L[udwig] Meyer.
72.–77. [Le meunier d'Angibault] Der Müller von Angibault. [Übers.] v. W[ilhelm] Jordan.
78.–85. Der Aristokrat und der Industrielle. [Übers.] v. Wilhelm Jordan.
Sämmtliche Werke. Neue Ausg. Bd 1–35. – Leipzig: Wigand 1847–1856.
1. 2. [Lucrezia Floriani] Lucrezia Floriani. Dt. v. W[ilhelm] Jordan.
3.– 8. [Consuelo] Consuelo. Dt. v. G. Julius.
9.–12. [La comtesse de Rudolstadt] Die Gräfin von Rudolstadt. Dt. v. L[udwig] Meyer.
13. [Jean Zyska] Johann Ziska. Episode aus dem Hussitenkrieg. Dt. v. L[udwig] Meyer.
14.–17. [Le Piccinino] Der Piccinino. Dt. v. Theodor Althaus.
18. 19. [Préface de «Obermann» par Étienne de Senancour] [Vorw. zu] Obermann v. [Étienne Pivert de] Senancour. Dt. v. L[udwig] Buhl.
20. [François le Champi] Der Findling. Dt. v. Claire v. Glümer.
21. [Claudie] Claudie. Schauspiel in 3 Akten. Dt. v. Claire v. Glümer.
22. [La petite Fadette] Die kleine Fadette. Dt. v. Bodo v. Glümer.
23. [Le château des déserts] Das geheimnisvolle Schloß. Übers. v. Karl Gautsch.
24.–35. [Histoire de ma vie] Geschichte meines Lebens. Dt. v. Claire v. Glümer.

André
Andreas. Novelle. [Übers.] Nebst e. Nachr. Von Ludwig. – Coblenz: Hergt 1835.
Antonia
Antonia. Roman. [Übers.] v. Maria Saphir [d. i. Marie Gordon]. T. 1. 2. – Wien: Last 1865. 335 S.
Bernard
Bernhard. Dt. v. [G.] Scherr. Bdchn 1–7. – Stuttgart: Franckh 1848. (Das belletristische Ausland. 1162–1168.)
Château de la Roche
Schloß La Roche. Übers. v. Marianne Eugenie Mayer. Mit vielen Bildern. v. M. Hohneck. – Reutlingen: Enßlin & Laiblin [um 1912]. 96 S. [Enßlin's Roman- und Novellenschatz. 239.) – [Neue Aufl.] Ebd. (1925). 96 S. (Enßlin's Roman- und Novellenschatz. 239.)
Château (Le) des Déserts
Das Schloß Desertes. Übertr. v. Ludw[ig] Fort. – Grimma: Verlags-Comptoir 1851. 192 S. (Europäische Bibliothek der neuen belletristischen Literatur. 482.)
Das Schloß von Oedenweiler. Dt. v. [G.] Scherr. Bdchn 1–3. – Stuttgart: Franckh 1851. 188 S. (Das belletristische Ausland. 1572–1574.)
Claudie
Claudia. Drama in 3 Akten. Übers. v. Theodor Hegener. – Aachen: ter Meer 1852. 82 S.
Claudia. Schauspiel in 3 Aufz. Frei übertr. u. für d. dt. Bühne bearb. v. Anton Bing. – Leipzig: Reclam [um 1879]. 74 S. (Reclam's Universal-Bibliothek. 1249.)
Compagnon (Le) du tour de France
Der französische Handwerksbursche. Nach dem Franz. v. W[ilhelm] L[udwig] Wesché. Bd. 1. 2. – Leipzig: Kollmann 1841.
Comtesse (La) de Rudolstadt
Die Gräfin von Rudolstadt. [Übers.] v. [G.] Scherr. Bdchn 1–7. – Stuttgart: Franckh 1844. (Das belletristische Ausland. 184–190.)
Dt. v. L[udwig] Meyer. 2. Ausg. T. 1–5. – Leipzig: Wigand 1863.
Confession (La) d'une jeune fille
Die Bekenntnisse eines jungen Mädchens. T. 1–3. – Wien: Hartleben [um 1870]. 554 S. (Neuestes belletristisches Lese-Cabinet. 767–776.)
– Bd. 1. 2. Ebd. 1894. (Collection Hartleben. 2,16. 17.)
Die Beichte eines jungen Mädchens. Sittenroman. – Leipzig: Leipziger Graph. Werke [1919]. 202 S.
Consuelo
Consuelo. Dt. v. [G.] Scherr. Bdchn 1–15. – Stuttgart: Franckh 1845. (Das belletristische Ausland. 431–445.)
– Übers. v. G. Julius T. 1–6. – Leipzig: Wigand 1847.
– 2. Ausg. T. 1–6. Ebd. 1863.
Consuelo. Roman. [Übers.] v. W. Platschek. – Berlin: Gnadenfeld 1893. 747 S. (Collection Figaro. 104–108.)
Consuelo. Bd. 1–5. – Teschen: Prochaska 1894. (Die besten Romane der Weltliteratur in neuen Ausgaben. 3,14–18.)
– Bd. 1–5. Ebd. 1895.

Correspondance de George Sand et d'Alfred de Musset, Ausz.

G' S' an Alfred de Musset. [Briefe.] – Wien: Wiener Verlag 1906. 94 S. (Liebesbriefe berühmter Männer und Frauen. 3.)

– (4. – 6. Tsd.) Berlin, Wien: Harz 1924. 91 S. (Liebesbriefe berühmter Männer und Frauen. 3.)

Daniella (La)

Daniella. Dt. v. G. F. W. Rödiger. T. 1–4. – Wien: Hartleben [um 1857]. (Neues belletristisches Lese-Cabinet. 368–375.)

Démon (Le) du foyer

Des Hauses Dämon. Schauspiel in 2 Aufz. Frei übertr. u. für d. dt. Bühne bearb. v. Anton Bing. – Leipzig: Reclam [um 1885]. 57 S. (Reclam's Universal-Bibliothek. 2157.)

Dernier (Le) amour

Die letzte Liebe. Bd. 1. 2. – Wien: Tendler (; Leipzig: Zander) 1868. 354 S. (Belletristisches Frankreich des 19. Jahrhunderts. 4. 5.)

Letzte Liebe. Roman. [Übers.] v. W. Platschek. – Berlin: Gnadenfeld. 1893. 152 S. (Collectio Figaro. 102.)

Dernière (La) Aldini

In: Sand: *Les maîtres mosaïstes.* 1838

Famille (La) de Germandre

Die Familie von Germandre. Übertr. v. A. Scarneo. – Wien: Markgraf 1862. 200 S. (Belletristischer Salon. 1. 2.)

– 2. Aufl. Ebd. 1862. 200 S. (Unterhaltungs-Bibliothek für Eisenbahnreisende. 7.)

Filleule (La)

Anicée und Morenita oder: die Pathe. Übers. v. G. F. W. Rödiger. T. 1. 2. – Wien: Hartleben [um 1855]. (Neues belletristisches Lese-Cabinet. 29–33.)

François le Champi [roman]

Franz der Champi. Übers. v. L[udwig] Fort. – Leipzig: Hartleben 1848. 163 S. (Belletristisches Lese-Cabinet. 87.)

In: Sand: *Romans champêtres*, Ausz. [um 1867] u. ö.

Franz der Champi. Eine Erzählung. Übers. v. Auguste Cornelius. – Leipzig: Bibliographisches Institut 1886. 135 S. (Meyer's Volksbücher. 97. 98.)

Das Findelkind. Roman. (Die Übers. bes. Annely Müller-Bürcklin. Initialen: Heiner Zinckgraf.) – Neustadt a. d. Hardt: Musen-Verlag (1948). 144 S.

François le Champi [comédie]

Der Findling. Ländliches Gemälde in 3 Acten. Übers. v. W. Friedrich [d. i. Wilhelm Friedrich Riese]. Hamburg: Verlags-Comptoir 1850. S. 45–74. (Das Theater des Auslandes. 27.)

Der Findling, oder: Unverhofft! Charakterbild in 3 Akten nach G' S' v. W. Friedrich [d. i. Wilhelm Friedrich Riese]. 3. Aufl. – Berlin: Lassar [um 1870]. 31 S. (Bloch, Theater-Gartenlaube. 26.)

Gabriel

Gabriel. Ein Roman in dialogischer Form. Übers. v. Ernst Susemihl. – Leipzig: Kollmann 1840.

Gilberte

Gilberte. Roman. [Übers.] v. [G.] Scherr. – Stuttgart: Franckh 1846. (Das belletristische Ausland. 663–670.)

Histoire de ma vie

Geschichte meines Lebens. Übertr. v. Claire v. Glümer. 2. Ausg. T. 1–12. – Leipzig: Wigand 1863. 2041 S.

Histoire de ma vie, Ausz.

Meine Lebensbeichte. Nach d. Franz. v. Rudolf Jolowicz. Mit Einl. v. Ella Mensch. – Berlin: Seemann (1907). 152 S., 6 Abb.

Hiver (Un) à Majorque (au midi de l'Europe)

Ein Sommer im südlichen Europa. Übers. v. H[einrich] Elsner. Bdchn 1. 2. – Stuttgart: Franckh 1847. 172 S. (Weltpanorama. 103. 104.)

Horace

Horaz. [Übers.] v. W[ilhelm] L[udwig] Wesché. Bd. 1. 2. – Leipzig: Kollmann 1843.

Indiana

Indiana. Übers. v. Fanny Tarnow. T. 1. 2. – Leipzig: Kollmann 1836.

– Dt. v. A[dolf] Seubert. – Leipzig: Reclam [um 1879]. 320 S. (Reclam's Universal-Bibliothek. 1022–1024.)

Indiana. – Teschen: Prochaska 1904. 172 S. (Klassische Erzählungen der Weltliteratur. 1.)

Isidora
Isidora. Tagebuch eines Einsiedlers in Paris. Frei übers. durch Isidorus Orientalis. – Bautzen: Schlüssel 1846.
Isidora und [Teverino] Teverino. [Übers.] v. [G.] Scherr. Bdchn 1–4. – Stuttgart: Franckh 1846. (Das belletristische Ausland. 659–662.)
Isidora. Tagebuch eines Einsiedlers in Paris. (Übertr. v. L[udwig] Meyer.) – Wildbad: Edition Pan (1948). 203 S.

Isolde
Isolde. Dt. v. [G.] Scherr. Bdchn 1–8. – Stuttgart: Franckh 1850. (Das belletristische Ausland. 1331–1338.)

Jacques
Jacques. Übers. v. J. L. K. Bd 1. 2. – Leipzig: Kollmann 1837.

Jeanne
Johanna. Roman. Übers. v. Friedrich Funck. Bdchn 1. 2. – Frankfurt: Oehler 1844.
Johanna. Dt. v. Fr[iedrich Wilhelm] Bruckbräu. Lfg 1–6. – Augsburg: Jenisch & Stage 1844. (Das belletristische Europa. 1.)
Johanna. Übertr. v. [Gustav] Wachenhusen. T. 1–3. – Grimma: Verl.-Compt. 1844. (Europäische Bibliothek der neuen belletristischen Literatur. 39.)

Jeanne, Ausz.
Johanna. Novelle. Übertr. v. Adalbert v. Nordstern. Bd 1. – Wriezen, Berlin: Literatur- u. Kunst-Compt. 1845.

Laura; voyages et impressions
Laura. Nach d. Hs. d. Verf. übers. v. August Scheler. Mit e. Einl. v. E. M. Oettinger. Bd 1. 2. – Brüssel: Schnée 1854.
– Übers. v. Ludwig Fort. T. 1. 2. – Wien: Hartleben [um 1855]. (Neues belletristisches Lese-Cabinet. 126–129.)

Lélia
Lelia. Nach d. Franz. v. Adolph Braun. – Leipzig: Kayser 1834. IV, 260 S.
– [Übers.] v. Friedrich Bremer. – Leipzig: Bibliographisches Institut 1893. 562 S. (Meyers Volksbücher. 963–969.)

Leone Leoni
Leone Leoni. [Übers.] v. W. Platschek. – Berlin: Gnadenfeld 1892. 138 S. (Collection Figaro. 99.)

Lettres d'un voyageur
Reise-Novellen. [Übers.] v. Emilie Wille. T. 1. 2. – Berlin: Natorff 1838.

Lucrezia Floriani
Lucrezia Floriani und (La mare au diable) der Teufelssumpf. Dt. v. [G.] Scherr. Bdchn 1–6. – Stuttgart: Franckh 1847. (Das belletristische Ausland. 836–841.)
Lucrezia Floriani. Übers. v. Wilhelm Jordan. 2. Ausg. T. 1. 2. – Leipzig: Wigand 1863. 346 S.

Maîtres (Les) mosaïstes
Die Mosaik-Arbeiter und [La dernière Aldini] die letzte Aldini. Übers. v. O. v. Czarnowsky. – Aachen: Mayer 1838.

Maîtres (Les) sonneurs
Die Musikanten-Zunft. Übers. v. Claire v. Glümer. T. 1. 2. – Leipzig: Wigand 1856.
– 2. Ausg. T. 1. 2. Ebd. 1863.

Mare (La) au diable
Der Teufelssumpf. – Stuttgart: Hallberger 1846.
Die Teufelspfütze. Übers. v. Michael Etienne. – Leipzig: Hartleben 1847. (Belletristisches Lese-Cabinet. 10.)

Mariage (Le) de Victorine
Victorine's Hochzeit. Familienbild in 3 Aufz. Dt. v. J. Bettelheim. – Leipzig: Reclam [um 1879]. 56 S. (Reclams Universal-Bibliothek. 1101.)

Marquis (Le) de Villemer [roman]
Der Marquis von Villemer. Übers. v. G. F. W. Rödiger. T. 1. 2. – Wien: Hartleben [um 1860]. 340 S. (Neuestes belletristisches Lese-Cabinet. 427–432.)
Der Marquis von Villemer. – Brünn: Buschak & Irrgang 1861. 299 S.
– [Übers.] v. W. Platschek. – Berlin: Gnadenfeld 1892. 144 S. (Collection Figaro. 95.)
Der Marquis von Villemer. Bd 1. 2. – Wien: Hartleben 1895. (Collection Hartleben. 4, 13. 14.)

Marquis (Le) de Villemer [comédie]
Der Marquis von Villemer. Schauspiel in 4 Aufz. Übers. u. für d. dt. Bühne eingerichtet v. Ida Görner. – Altona: Verl.-Bureau 1864. 58 S. (Neues Theater des Auslandes. 6.)

152

– Übers. u. für d. dt. Bühne bearb. v. A. Sonnenthal. Regie- u. Soufflierbuch mit Dekorationsplänen u. mit d. vollst. Scenarium. – Leipzig: Reclam [um 1888]. 90 S. (Reclams Universal-Bibliothek. 2488.)

Mauprat
Mauprat. Übers. v. Fanny Tarnow. Nebst zwei Zugaben. Bd 1. 2. – Leipzig: Kollmann 1838.

Métella
Metella. – In: Herrliche Blüthen der französischen Romantik. Nordhausen: Fürst 1837. Enth. auch: Tastu, Sabine Casimire Amable Voïart, dame: [Le bracelet maure] Das maurische Armband.

Meunier (Le) d'Angibault
Der Müller von Angibault. Übertr. v. F. Fenner v. Fenneberg. Bd 1. 2. – Stuttgart: Hallberger 1845.
– Bdchn 1–6. Ebd. 1845. (Aula der schönen Literatur. 26–31.)
Der Müller von Angibault. [Übers.] v. [G.] Scherr. Bdchn 1–7. Stuttgart: Franckh 1846. (Das belletristische Ausland. 500–506.)

Mississipiens (Les)
In: Sand: *Pauline*. 1840

Mont-Revêche
Mont Revêche. Dt. v. August Diezmann. T. 1. 2. – Wien: Hartleben 1853. (Belletristisches Lese-Cabinet. 353. 354.)

Pauline
Pauline und [Les Mississipiens] die Mississippier. Übers. v. Ernst Susemihl. – Leipzig: Kollmann 1840.

Péché (Le) de monsieur Antoine
Die Sünde des Herrn Antoine. Übers. v. Michael Etienne. Bd 1–3. – Leipzig: Hartleben 1846. (Belletristisches Lese-Cabinet. 7–9.)
Herrn Antons Sünde. Roman. Bdchn 1–6. – Stuttgart: Hallberger 1846. (Aula der schönen Literatur. 66–71.)

Petite (La) Fadette
Die kleine Fadette. [Übers.] v. G. F. W. Rödiger. – Leipzig: Hartleben 1849. 194 S. (Belletristisches Lese-Cabinet. 117.)
Die kleine Fadette. Dorfgeschichte. Dt. v. [G.] Scherr. Bdchn 1–3. – Stuttgart: Franckh 1850. (Das belletristische Ausland. 1368–1370.)
Die Grille, oder: Die kleine Fadette. Französische Dorfgeschichte. Übers. v. August Schrader. – Leipzig: Schrag 1860. 170 S., 4 Abb.

Piccinino (Le)
Der Piccinino. Übers. v. [G.] Scherr. Bdchn 1–9. – Stuttgart: Franckh 1847. (Das belletristische Ausland. 1000–1008.)
– Hg. v. August Diezmann. Bdchn 1. 2. – Leipzig: Teubner 1847. (Die belletristische Welt. 58–65.)
Klein-Koboldchen. Dem Franz. nacherzählt. v. P. U. – Berlin: Sacco [um 1850]. 201 S. (Novellen-Sammlung. 17–19.)
Der Piccinino. Übers. v. Theodor Althaus. 2. Ausg. T. 1–4. – Leipzig: Wigand 1863.

Pressoir (Le)
Die Kelter. Schauspiel in 3 Akten nach G' S' v. Georg Hiltl. – Berlin: Hayn [um 1865]. 47 S. (Both's Bühnen-Repertoir des Auslandes. 240.)

Romans champêtres, Ausz.
Ländliche Erzählungen. Übertr. v. Auguste Cornelius. T. 1. 2. – Hildburghausen: Bibliographisches Institut [um 1867]. (Bibliothek ausländischer Klassiker in deutscher Übertragung. 21. 22.)
1. [La mare au diable] Der Teufelssumpf.
2. [François le Champi] Franz der Champi.
Ländliche Erzählungen. Übers. v. Auguste Cornelius. – Leipzig: Bibliographisches Institut 1886. 267 S.

Rose et Blanche ou la comédienne et la religieuse
Die Orig.-Schrift ersch. unter d. Pseud. Jules Sand u. ist von George Sand unter Mitarbeit v. Jules Sandeau verf.
Nonne und Schauspielerin oder Verirrungen der Liebe. Dt. v. Ludwig v. Alvensleben. Bd 1. 2. – Leipzig: Literarisches Museum 1836.

Secrétaire (Le) intime
Der Geheimschreiber. Roman. Dt. v. Louise Claudé. Hg. v. Theodor Mundt. T. 1. 2. – Bunzlau: Appun 1838.

153

Spiridion
Spiridion. Ein Roman. Übers. v. Ernst Susemihl. Bd. 1. 2. – Leipzig: Kollmann 1839.
   Spiridion. Bekenntnisse eines Mönchs. Übers. u. biographisch-kritisch eingel. v. [G.]
   Scherr. Bdchn 1–4. – Stuttgart: Franckh 1845. (Das belletristische Ausland. 266–269.)
   Spiridion. Roman. [Übers.] v. W. Platschek. – Berlin: Gnadenfeld 1893. 168 S. (Collection
   Figaro. 101.)
Tamaris
   Tamaris. Roman. Übers. v. Marie Saphir [d. i. Marie Gordon]. T. 1. 2. – Leipzig: Gerhard
   [um 1863]. 296 S. (Neue Romanbibliothek. 32. 33.)
Teverino
   In: Sand: *Isidora.* 1846
   Teverino. Phantasie-Gemälde. – Stolberg a. H.: Schwegler 1847. 302 S.
Uscoque (L')
   Der Uskoke. Roman. Übers. v. August Diezmann. T. 1. 2. – Leipzig: Kollmann 1839.
   Der Uskoke. Historischer Roman. Übers. v. Theodor Hell [d. i. Karl Theodor Winkler]. –
   Grimma: Verlags-Comptoir 1839.
   – Ebd. 1844. 336 S. (Europäische Bibliothek der neuen belletristischen Literatur. 20.)
Valvêdre
   Des Nächsten Weib. Roman. [Übers.] v. L. Stöckmann. – Berlin: Gnadenfeld 1893. 156 S.
   (Collection Figaro. 103.)
   (Vorr.] s. Plouvier, Édouard: *Contes pour les jours de pluie.* [um 1855]
   [Einf.] s. Senancour, Étienne Jean Baptiste Pierre Ignace Pivert de: *Obermann.* 1844
Sand, Jules [Sammelpseud.; d. i. George Sand und Jules Sandeau]: *Rose et Blanche*
   s. Sand, George: *Rose et Blanche* ... 1836

Kürzlich erschienene Bücher von George Sand

George Sand, Indiana, München 1980
–, Lélia, München 1981
–, Lucrezia Floriani, München 1981
–, Der Teufelsteich, François, Das Findelkind, Zürich 1980
–, Ein Winter auf Mallorca, Frankfurt a. M. 1979

6. Werke über George Sand

ADAM, ANTOINE: Le Secret de l'Aventure Vénitienne – La vérité sur Sand et Musset. Paris
   1938
ALQUIER, ALINE: George Sand. Paris 1973
BALZAC, HONORÉ DE: Béatrix. Berlin 1923
BEAUVOIR, SIMONE DE: Alles in allem. Reinbek 1974
BONSIRVEN-FONTANA, M.-L.: Dans l'ombre de George Sand. Monte Carlo 1976
BOURY, FRANÇOIS: De quoi vivait George Sand. Paris 1952
BRUGGER, IRENE: Frauentypen bei George Sand. Würzburg 1934
BUIS, L.: Les théories sociales de George Sand. Paris 1910
CARRÈRE, C.: George Sand als Liebende und Geliebte. Düsseldorf 1970
CATE, C.: George Sand – A Biography. Boston 1975
CELLIER, L.: Hommage à George Sand. Paris 1969
CHANSON, P.: Le droit à l'amour selon George Sand. Paris 1943
COLIN, GEORGES: Bibliographie des premières publications des romans de George Sand. Brüs-
   sel 1965
CORDOCH, MARIE: Répertoire des Lettres publiés des Georges Sand. Paris 1962
DELACROIX, EUGÈNE: Briefe I 1813–1846. Basel 1918
   Mein Tagebuch. Berlin 1918
DOLLÉANS, EDOUARD: Féminisme et mouvement ouvrier: George Sand. Paris 1951
EDWARDS, S.: George Sand. A Biography of the First Modern Liberated Woman. New York
   1972
EVANS, DAVID OWEN: Social Romanticism in France 1830–1848. Oxford 1951
FAHMY, D.: George Sand auteur dramatique. Paris 1943
FURMAN, NELLY: La Revue des Deux Mondes et le Romantisme 1831–1848
HIRTH, FRIEDRICH: Heinrich Heine und seine französischen Freunde. Mainz 1949

JORDAN, R.: George Sand. A Biography. London 1976

JORDAN, RUTH: George Sand, die große Liebende. München 1978, übers. v. O. v. Czernicki

KARÉNINE, WLADIMIR: [d. i. Madame Komarow]: George Sand, sa vie et ses œuvres. Paris 1899–1926

KREITMANN, L. R.: Sand's Symbolic Vision, Pennsylvania 1976

LACASSAGNE, JEAN-PIERRE: Histoire d'une amitié, Pierre Leroux et George Sand d'après une correspondance inédite, 1836–1866. Klincksieck 1973

LANGLADE, J.: La dernière manière de George Sand. Essai sur le déclin du romantisme. Paris 1925

LEBLOND, MARIUS-ARY: George Sand et la Démocratie, Paris 1904
Notes sur George Sand socialiste. Paris 1904

LOPE, I. J.: Zwischen Emanzipation und Trivialität: George Sand. In: Die französische Autorin vom Mittelalter bis zur Gegenwart, hg. v. R. Baader und D. Fricke. Wiesbaden 1979. S. 199–212

LUBIN, GEORGES: Album Sand, Iconographie réunie et commentée. Paris 1973
George Sand en Berry. Paris 1967
Nohant, Caisse des monuments historiques. 1976

LÜDICKE, HEINZ: George Sand als Heimatdichterin (Diss.), Leipzig 1935

MALLET, FRANCINE: George Sand, Paris 1976
Die Muse der Republik, dt. v. Gisela Schlientz. Stuttgart 1979

MANN, HEINRICH: Eine Freundschaft – Gustave Flaubert und George Sand. München 1905/06. Wieder abgedruckt in: Geist und Tat. Frankfurt a. M. 1981

MARIX-SPIRE, THÉRÈSE: Les romantiques et la musique. Le cas George Sand 1804–1838. Paris 1955
Lélia ou la vie de George Sand. Paris 1952

MAUROIS, ANDRÉ: Dunkle Sehnsucht – Das Leben der George Sand. München 1957, dt. v. Wilhelm Maria Lüsberg

MÜLLER, W.: George Sands Romane in ihrem Verhältnis zu den Goetheschen. Zürich 1914

MUSSET, ALFRED DE: Bekenntnisse eines Kindes seiner Zeit. Berlin o. J.

MUSSET, PAUL: Lui et elle. Paris 1860

PAILLERON, MARIE-LOUISE: George Sand, Histoire de sa vie, Paris 1938
Les Années glorieuses. Paris 1940
George Sand et les Hommes de 48. Paris 1953

PLANCHE, GUSTAVE: George Sand, in: Portraits Littéraires, Band 1. Paris 1836

PÉCILE, M. J.: Sand. La vocation et la formation d'une femme écrivain au 19e siècle, Massachsetts 1976

PETOUKHOFF, V.: Sand et le drame philosophique. Pennsylvania 1975

POLI, A.: George Sand et les années terribles. Bologna 1975

POLI, ANNAROSA: L'italie dans la vie et l'œuvre de George Sand. Paris 1960

POMMIER, JEAN: George Sand et le rêve monastique. Nizet 1966

ROUGET, M. T.: George Sand socialiste. Lyon 1931

SAINTE BEUVE, CH. A.: Nouveaux Portraits et critiques litteraires Bd II, Brüssel 1836

SALOMON, PIERRE: George Sand, Paris 1953

STEINWACHS, GINKA: George Sand – Eine Frau in Bewegung, die Frau von Stand, Berlin 1980

THIELTGES, GERD: George Sand, in: Französische Literatur des 19. Jahrhunderts I – Romantik und Realismus. Heidelberg 1979

TOURNEUER, MICHELLE: George Sand et Delacroix. Université de Lille 1972

TUREL, LILI: Die vielgeliebte Frau, George Sand und ihre Freunde in Briefen und Dokumenten, München 1922

VIARD, J.: George Sand et Michelet disciples de Pierre Leroux. In: Revue d'Histoire Littèraire de la France, 75, 1975, S. 749–773

WIGGERSHAUS, RENATE (HG.): George Sand, Geschichte meines Lebens. Frankfurt a. M. 1978

WINWAR, FRANCES: Ein Leben des Herzens, Bern 1947

Namenregister

Die kursiv gesetzten Zahlen bezeichnen die Abbildungen

Über die Autorin

Renate Wiggershaus, geb. in Wuppertal, lebt als freie Schriftstellerin und Funk-autorin in Frankfurt am Main.
Buchveröffentlichungen:
George Sand, Geschichte meines Lebens (Hg.), Frankfurt / M. 1978, Insel Verlag.
Geschichte der Frauen und der Frauenbewegung in der Bundesrepublik Deutsch-land und der Deutschen Demokratischen Republik nach 1945, Wuppertal 1979, P. Hammer Verlag
Die Frau auf der Flucht – Erzählungen und Prosatexte, Bielefeld 1982, Pendragon Verlag
Frauen unterm Nationalsozialismus, Wuppertal 1984, P. Hammer Verlag.
Malwida von Meysenbug, Memoiren einer Idealistin (Hg.), Frankfurt / M. 1985, Insel Verlag.

Quellennachweis der Abbildungen

IBA, Internationale Bilderagentur, Oberengstringen: 6, 10 o., 32, 40, 44, 51, 56, 73, 82, 84, 86, 113, 132
Musée Carnavalet, Paris: 10 u., 11, 12, 13, 15, 21, 22, 25, 127
Château Musée de Nohant: 14, 52, 124, 125
Collection Spoelberch de Lovenjoul, Chantilly: 43
Bibliothèque Nationale, Paris: 17
Aus: Bibliothèque de la pléiade, Paris, 1973: 27, 67, 108
Sammlung Georg Holmsten, Berlin: 29
R. Thuillier: 30
Archiv für Kunst und Geschichte, Berlin: 36/37, 60, 65, 68, 70, 74, 81 u., 81 o., 83, 87, 91, 97, 98, 104, 116, 131
Musée George Sand et de la Vallée-Noire, La Châtre: 38, 47, 58, 75, 78
Sammlung Georges Lubin: 39, 48, 96, 103, 106, 112
Aus: Aline Alquier, George Sand, Paris, 1972: 42, 128
Bildarchiv Preußischer Kulturbesitz, Berlin: 46, 61, 71, 134 u.
Sammlung Joseph Thibault: 54, 66
Sammlung Maurois: 63, 109
Archiv Walter Pöppel, Bandhagen: 76, 93, 95
Keystone: 85
Rowohlt-Archiv: 92, 94, 100, 119, 134 o.
Roger-Violett, Paris: 99
Internationaal Instituut voor Sociale Geschiedenis, Amsterdam: 118
Bibliothèque historique de la ville de Paris: 126, 129
Éditions du Seuil: 24